EL CICLO LITÚRGICO

Por *Mn. Francesc M. Espinar Comas*

In Memoriam
Dom Fernand Michel Cabrol

Índice

Presentación

De noviembre de 2012 a diciembre de 2013 (con una "coda" final en octubre de 2014), Mn. Francesc M. Espinar Comas publicó, bajo el pseudónimo de Dom Gregori Maria, una serie de artículos sobre el Ciclo Litúrgico en un blog de internet.

Se ha recopilado en este libro todos los capítulos de esta serie para comodidad de sus lectores, ya que lo pueden leer en el orden adecuado.

Capítulo 1: El Ciclo Litúrgico natalicio: El Adviento (I)

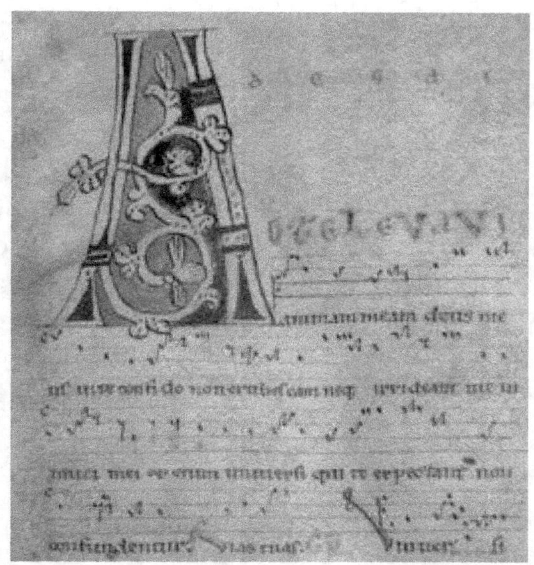

Introito *Ad te levavi* del 1º dom. de Adviento

En la organización actual de la Liturgia Romana el tiempo llamado de Adviento encabeza todo el ciclo festivo cristiano que se denomina año eclesiástico o litúrgico. El Misal y el Oficio Divino se abren con los oficios del primer domingo de Adviento. Este es perfectamente lógico porque como dice Dom Cabrol en su Diccionario de Arqueología y Liturgia *"con la venida de Cristo todo comienza en la Iglesia".*

Sin embargo, este sistema de computación del año litúrgico no siempre fue usado en la Iglesia. Hasta el siglo III por consideraciones astronómico-simbólicas, estaba consolidada universalmente la opinión que el 25 de marzo, día del equinoccio de primavera, era el día en el que el mundo había sido creado, María concebido el Verbo y Cristo muerto en la Cruz. Dado esto por bueno, era natural que se empezase a contar el tiempo desde esta fecha de capital importancia. Tertuliano habla de la Pascua *in mense primo*. San Ambrosio refiere que la Pascua es *"vere anni principium, primi mensis exordium"*. Aún quedan trazos de este cómputo primitivo. En la liturgia gregoriana el Génesis se empieza a leer en este tiempo y el más antiguo leccionario conocido, supone un ciclo de lecturas que empieza con la noche de Pascua y acaba en el Sábado Santo.

Pero con la introducción de la fiesta de Navidad y el traslado de la Anunciación en muchas Iglesias locales al periodo de Adviento, p. ej. al 18 de diciembre en la Iglesia Hispánica (porque la antigua Cuaresma excluía rigurosamente cualquier solemnidad) se trasladó también el inicio del año litúrgico, fijándolo en el periodo natalicio. Así lo reflejan el Catálogo Filocaliano y los libros litúrgicos de los siglos VI-VIII (Gelasiano, Gregoriano, el *Comes* de Victorio de Cápua, el leccionario de Luxeuil y el misal Gótico-galicano o el de Würzburg).

Más tarde, entre los siglos VIII-IX, cuando el Adviento, entendido como periodo de preparación a la Navidad, tuvo casi en todos los lugares, un ordenamiento estable y uniforme, los libros litúrgicos anticipan el ciclo anual, como se decía *(anni circulum)*, al primer domingo de Adviento, llamado en el Gelasiano "quinto domingo antes de Navidad", contando hacia atrás. De todas maneras el uso no fue común hasta trascurrido el siglo X.

El termino latino **adventus** (venida) fue aplicado en un primer momento para significar un periodo preparatorio a la segunda venida de Cristo sobre la tierra, la llamada *parusía*. Los textos de los antiguos sacramentarios son muy explícitos: imperan los relatos evangélicos del fin del mundo, del juicio universal y las llamadas a la penitencia de Juan Bautista. En los libros se usa la formula **de adventu Domini**. Sólo más tarde se empieza a hablar de domingos **ante adventum Domini** tomando el término adviento en el sentido de Navidad, haciendo popular el concepto de que el Adviento es exclusivamente una preparación a esta solemnidad.

Los últimos estudios han empezado a esclarecer los orígenes del Adviento. Encontramos las primeras huellas en España y en la Galia. Un texto de San Hilario de Poitiers (+388) que hace referencia a un canon del concilio de Zaragoza (381) hace mención de un periodo de tres semanas en preparación a la fiesta de la Epifanía, con referencia al bautismo de los neófitos que en las iglesias hispano-galicanas, según costumbre oriental, se confería en aquella fiesta.

Un siglo más tarde, San Gregorio de Tours señala la tendencia a hacer prevalecer la preparación natalicia a la de la Pascua, haciendo del Adviento una especie de segunda Cuaresma con la observancia de un ayuno discontinuo de seis semanas. Cosa parecida se hacía en las iglesias septentrionales de Italia.

En Roma, donde el bautismo en la Epifanía no estuvo nunca en vigor, no encontramos ninguna huella de un tiempo de Adviento hasta el periodo posterior a San León Magno (+461) que de hecho no lo menciona. Pero es cierto que los grandes debates cristológicos que habían perturbado a la Iglesia en aquel periodo, tenían que conducir, como siempre ocurre, a una más decidida y clara expresión del misterio de la Encarnación del Verbo. De hecho encontramos hacia finales del siglo V las 40 lecciones de Rótulo de Ravena, emparentadas con el Leoniano, que se refieren todas a una preparación litúrgica a la fiesta de Navidad, y que hacen suponer un tiempo de Adviento, propiamente dicho. Todas las conjeturas pues, señalan la organización del tiempo de Adviento a la segunda mitad del siglo V, por obra del Papa Gelasio, el organizador de las Témporas de diciembre, orientadas hacia la venida de Cristo.

Dom Siffrin y Dom Schuster

El gran liturgista Dom Petrus Siffrin (1888-1968) ha propuesto como instaurador al Papa Simplicio, al que se debe la edificación entre los años 471 y 483 de la iglesia de San Andrés *ad praesepe* sobre el Esquilino, hoy desaparecida, situada donde hoy se encuentra el Seminario Pontificio de Estudios Orientales (el Russicum) en Vía Napoleón III en el barrio del Esquilino. El origen del templo se debió a una donación del general godo Valila, de una aula civil perteneciente a la ilustre familia de Junio Basso, cónsul en el 331 y que fue llamada con el apelativo de Catabárbara (*katá Bárbara Patritia*) a partir del siglo VIII. El papa, a partir del día de su consagración, habría introducido oficialmente el ciclo de los nuevos domingos de Adviento, fijando en aquella iglesia la estación del primer domingo, como atestigua el Gregoriano de Menardo. La iniciativa romana, que ya figura en el Leccionario de Cápua del siglo VI y en las homilías de San Gregorio Magno, se impuso sobre las costumbres galicanas, que sin embargo se mantuvieron en las Iglesias ambrosiana e hispánica. En el uso galicano el Adviento empezaba con la fiesta de San Martín (11 noviembre) y era pues una *"cuaresma"* propia y verdaderamente, llamada justamente *quadragesima Sancti Martini*. Semejante era la práctica de la Iglesia milanesa y en el rito hispano-visigótico o mozárabe donde aún hoy en día el Adviento cuenta con seis semanas.

No obstante en Roma, el Adviento era más breve. En algunos libros litúrgicos cuenta con cinco semanas pero lo general son cuatro. En el siglo VI queda definitivamente fijado en cuatro semanas. El ayuno, que en la Iglesia

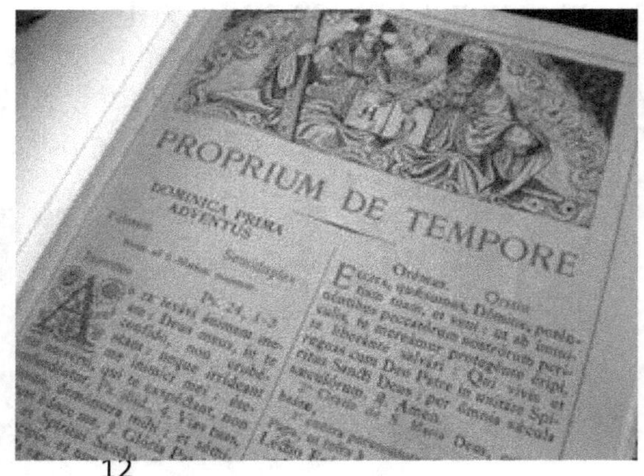

galicana era en un origen de uso monástico y restringido al lunes, miércoles y viernes, asumió la severidad del cuaresmal y un carácter obligatorio para todos. Ludovico Pío lo decretó para la Galia. En Italia, en cambio, no tuvo siempre el mismo carácter: Raterio, obispo de Verona (+974) habla de una simple abstinencia, mientras que el papa Inocencio III respondiendo a una consulta del obispo de Braga habla de ayuno. En el siglo XIV este ayuno estaba ya muy olvidado. Y jamás este concepto de ayuno pasó a los textos litúrgicos ni del Misal ni del Breviario.

Durante muchos siglos, quizá demasiados, en la liturgia de Adviento se enfatizó un carácter exterior de tristeza y de penitencia. El sacerdote usando ornamentos morados, el diácono y el subdiácono deponiendo la dalmática y la tunicela, al menos en el uso monástico, suprimiendo el *Te Deum* y el *Gloria,* y proscribiendo el uso del órgano y de las flores. En algunas iglesias locales en tiempos muy lejanos incluso llegaron a cubrirse las imágenes como en el tiempo de Pasión y a usarse ornamentos negros.

Hay que advertir que en la época primitiva el Adviento no tenía carácter penitencial. Los numerosos responsorios del Oficio de este tiempo y las oraciones del Sacramentario Gelasiano, pasan de un vivo deseo de la venida del Redentor a la preparación espiritual que los fieles, mediante la purificación del pecado que deben hacer para recibirlo, pero ninguna alusión a sentimientos de tristeza. Los signos exteriores de tristeza que adoptó la liturgia pues, son relativamente recientes. En Roma el *Te Deum* y el *Gloria* aún a mediados del siglo XII eran cantados en Adviento y se usaban dalmática y tunicela. Aún hoy en día el Aleluya no se suprime nunca de la misa y lo encontramos en muchas antífonas del Oficio. Podemos pues establecer, como dice el prestigioso cardenal Schuster en su *Liber Sacramentorum,* que el carácter fundamental del Adviento es *"de un santo entusiasmo, de un tierno reconocimiento y gratitud, y de un intenso deseo de la venida del Redentor"*

El oficio del I Domingo de Adviento llamado popularmente *Ad te levavi* por las palabras iniciales del introito, se muestra dominado por el pensamiento ocurrente en este tiempo litúrgico: la espera de la venida de Cristo. *Ecce nomen Domini venit de longinquo et claritas eius replet orbem terrarum!* (He aqui el nombre del Señor que viene de lejos y su claridad llena el orbe terrestre) dice la antifona del Magníficat de las primeras vísperas. La primera parte de este texto está tomada de Isaías, del cual se proveen todas las lecturas de la Escritura hasta Navidad. Del profeta Isaías son también buena parte de las antífonas y responsorios de este tiempo, muy numerosos y entre los más elaborados de todo el Oficio Divino.

Entre estos era muy famoso en la Edad Media por su expresión lírica el responsorio *Aspiciens* del I Nocturno, el cual hoy en día, con sus tres versículos, mantiene la forma antigua que ya tenía en tiempos de Amalario. He aquí el texto en su forma de ejecución:

Cantor: Aspiciens a longe et ecce video Dei potentiam venientem et nebulam totam terram tegentem. Ite obviam ei et dicite. Nuntia nobis si tu es ipse qui regnaturus es in populo Israel.

*Coro: Aspiciens a longe et ecce video Dei potentiam venientem et
nebulam totam terram tegentem.*
*Cantor: Quique terrigenae et filii hominum simul in unum dives et
pauper.*
Coro : Ite obviam ei et dicite.
*Cantor: Qui regis Israel intende, qui deducis velut ovem
Joseph.Qui sedes super Cherubim!*
Coro: Nuntia nobis si tu es ipse qui regnaturus es in populo Israel.
*Cantor: Tollite portas, principes, vestras et elevamini portae
aeternales, et introibit.*
Coro: Qui regnaturus es in populo Israel
Cantor: Gloria Patri et Filio et Spiritui Sancto.
Coro: Aspiciens a longe…Ite obviam ei…in populo Israël.

Este responsorio era ejecutado con gran pompa y con un lujo
particular de melismas.

Otra característica medieval de este domingo de Adviento era la
interpretación solemne de un tropo en homenaje a San Gregorio
Magno, e inmediatamente antes del comienzo del introito de la
Misa. Este prólogo que se encuentra en los principales
antifonarios, nos ha llegado en dos formas diversas. La primera,
más reciente, comienza con las palabras *Santissimus namque
Gregorius* ; la segunda, referida ya por Agobardo de Lyon (+840)
no es otra que la adaptación de los famosos versos de Adriano I
(772-785) en honor del Pontífice.

Este es el texto más correcto:

Gregorius praesul, meritis et nomine dignus,
Unde genus ducit, summum conscendit honores,
Renovavit monumenta patrum priorum: tunc…
Composuit hunc libellum musicae artis:…
Scholae Cantorum anni circuli, eja, dic, domne, eja:
Ad te levavi animam meam…

**San Gregorio componiendo
inspirado el "Ad te levavi"**

El canto de este prólogo desapareció hacia el siglo XIV. Las colectas de estos domingos de Adviento se caracterizan por una fuerte impronta bíblica y una singular factura rítmica y por estar dirigidas al Hijo, apartándose de la tradicional regla litúrgica que dirige al Padre las colectas. Esta sin embargo, como las otras oraciones de la Misa no son composiciones originales, sino derivadas de otras variantes de textos prexistentes. Por ejemplo, la colecta del I Domingo de Adviento es la antigua fórmula de la *oratio super populum* del lunes después del III Domingo de Cuaresma, en la cual se sustituye el protocolo inicial por la invocación " *Excita, Domine, potentiam tuam et veni"* dirigiéndola a Cristo que tiene que venir. Es posible que la mano correctora fuera la del mismo San Gregorio.

Notemos también que hasta la reforma de San Pío V la lectura del evangelio presentaba una gran diversidad entre las Iglesias prevaleciendo finalmente la perícopa de San Lucas 21,25: *Erunt signa in sole et luna.*

Otra de las características de la liturgia de este tiempo es la costumbre de tener durante el ambiente un ciclo especial de predicación, más orgánico y unitario, con la intención de preparar y purificar a los fieles en vistas a las fiestas de Navidad.

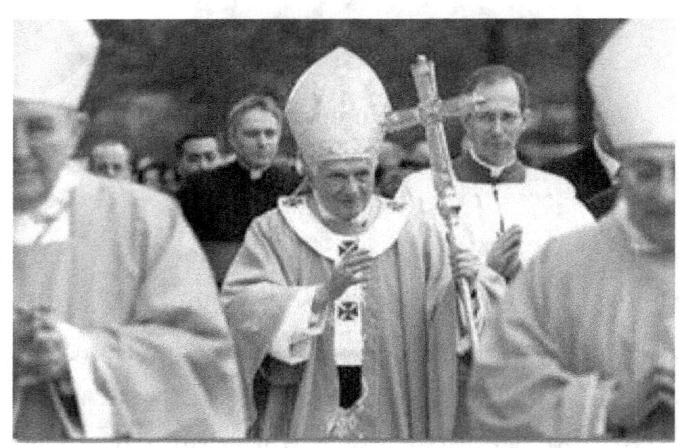

Benedicto XVI en la celebración del domingo Gaudete

Entre los domingos de Adviento, el tercero, llamado *Gaudete,* por las palabras iniciales del introito, era la más popular, debido a la estación que el Papa hacia en la basílica de San Pedro. La función vigiliar comenzaba a media noche y era doble. Era precedida de un oficio con tres salmos y tres lecturas cantadas desde el ambón del altar inferior de la Confesión, después se cantaban Maitines en la basílica superior, en el altar mayor, y se celebraba la misa. Las lecturas se repartían entre los canónigos de San Pedro y los Cardenales. La última era leída por el Papa. En la misa medieval se cantaba el Gloria y después de la colecta se cantaban unos versos de alabanza en honor del Papa (Laudes). Estos signos de alegría, reflejo de algunos textos litúrgicos de este día, se mantienen en parte hoy en día en la misa. Suena el órgano, vuelven las flores al altar, el celebrante se reviste con el color rosa y los ministros retoman los ornamentos más festivos. Es muy posible que todo ello haya sido introducido por analogía a cuanto se hace en el domingo *Laetare,* IV de Cuaresma.

Capítulo 3: El ciclo litúrgico natalicio: el Adviento (III)

Iluminación de la R inicial de la Misa Rorate

Entre las costumbres litúrgicas medievales era particularmente solemne el miércoles de la III semana de Adviento, liturgia en la que se leía el evangelio de la Encarnación del Verbo *(Missus est Gabriel Angelus)*. En los monasterios, incluso hasta los enfermos, hacían todos los esfuerzos por participar a este oficio "en *reverencia a la Encarnación de N.S.J.C"*

La lectura del Evangelio se hacia desde el púlpito, en medio a luminarias, por un sacerdote con ornamentos blancos y con una palma en la mano, para posteriormente escuchar la exposición homilética del Venerable Beda: *Exordium nostrae redemptionis.* Recordemos que ese texto evangélico en un origen, o al menos desde los tiempos de San León Magno (440-461), era el de la fiesta de Navidad, degradado después a ese miércoles de las

Témporas por el Papa Gelasio y sustituido por la actual perícopa *"Exiit edictum"* (Salió un edicto, etc…)

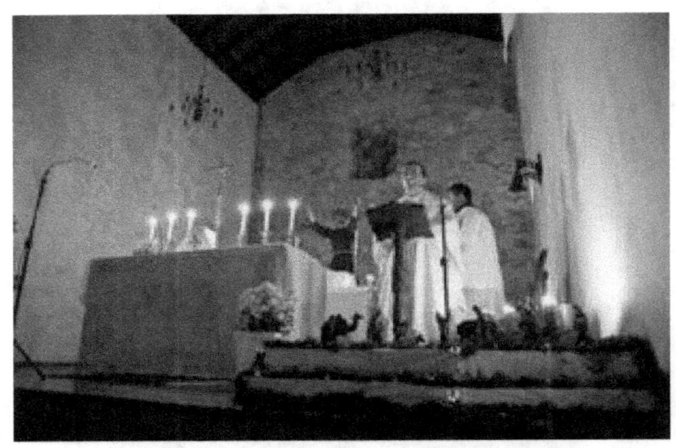

Missa Rorate en Saô Francisco das Chagas (Paranaguá-Br.)

Toda esa misa *Rorate,* del miércoles de Témporas (III semana de Adviento) merece un especial relieve. En la Edad Media era llamada *Missa aurea beatae Mariae,* y considerada de una especial eficacia como remedio del alma y del cuerpo. Podría decirse que la Iglesia Romana en éste miércoles, con la estación en Santa María la Mayor y con una tal liturgia, donde resaltan la profecía de la Virgen Madre del Emmanuel y el mensaje angélico a Ella dirigido, quisiese celebrar una fiesta de la Virgen, y en concreto la Anunciación.

En las Españas, desde el X Concilio de Toledo de 656, y más tarde en las Galias y en la Italia Septentrional, se celebraba el 18 de diciembre una **solemnitas dominicae Matris,** cuyo objeto era prevalentemente el misterio de la Encarnación del Verbo en el seno de María, que actualmente en la Iglesia Latina se celebra el 25 de marzo. Aunque una fiesta de la Expectación del Parto fue fijada para el 18 de diciembre por el papa Gregorio XIII en 1573 y extendida por Benedicto XIII en 1725 en Roma y muchas diócesis de Italia.

Hay que subrayar, y este dato es innegable, que una conmemoración de tal misterio estaba ya presente desde los formularios de Juan el Archicantor (siglo VII), porque él afirma expresamente que *una dominica ante natale Domini íncipit canere de conceptione Santae Mariae (* un domingo antes de la natividad del Señor se empieza a cantar la concepción de Santa María.

Misa Rorate en una iglesia del Norte de Italia

No obstante, los textos de la misa son dirigidos hacia Cristo que está por venir. En las dos primeras lecturas, de Isaías ambas, se traza una luminosa síntesis de la vida de Cristo, la vocación de los gentiles y la celebre profecía del Emmanuel; la perícopa evangélica en cambio (*Missus est)* narra la Anunciación de la Virgen y la Encarnación del Verbo.

Obsérvese que sin embargo estos textos pertenecen a una elaboración posterior, porque la liturgia primitiva de las Témporas **mensis decimi** *(de diciembre)* prescindía del Adviento, pues aún no existía, y se refería enteramente al ayuno y al alimento que con los frutos de la tierra el Señor dispensa a todos. Es muy probable, como ya fue dicho, que la reordenación de las témporas de diciembre en función de la Navidad haya sido obra del Papa Gelasio (+496) ya que el sacramental Leoniano hace caso omiso de ello.

Una tradición católica para el Adviento es celebrar durante los sábados de este tiempo litúrgico la Misa *Rorate Caeli* "de sancta Maria in Sábato". Una particularidad de esta misa es ser celebrada a oscuras, sin luz ni del sol ni artificial: sólo la procurada por los numerosos candelabros en el altar y el presbiterio, y por las candelas que llevan los fieles en la mano. El sentido de tales celebraciones es profundo: en el Adviento nos preparamos a la fiesta del nacimiento de Cristo y con la Virgen nos preparamos a una llegada de Aquel que es la Luz y ha venido a disipar nuestras tinieblas y a iluminarnos en gracia y santidad.

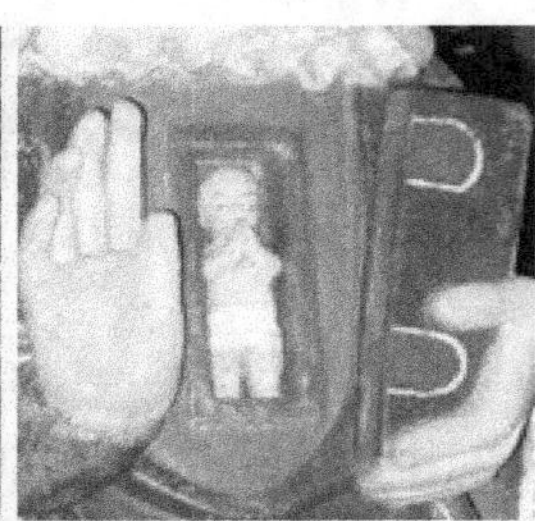

Izquierda:
Bogenberg (Baviera)
Centro:
Malta (Austria)
Arriba:
Detalle

En muchos países y desde muy antiguo existen imágenes de María Grávida o María Gestans, en Alemania son muchos los altares dedicados a "Maria in der Hoffnung". En esa espera de la Natividad de Cristo en que María está embarazada, se realiza una hermosa novena con el canto del Magníficat como eje central y la exclamación admirativa "O" (¡Oh!) que aparece en las siete estrofas de Vísperas que preceden a la Navidad, como por ejemplo *"Oh Sabiduría que brotaste de los labios del Altísimo"* del día 17. La novena está nutrida de los pasajes evangélicos que reproducen escenas del periodo de embarazo de la Virgen (desde la Anunciación hasta el viaje para censarse, primero a Jerusalén y finalmente a Belén) y también hallamos el de la Visitación: el encuentro entre María y su prima Isabel, que también estaba embarazada (de Juan el Bautista). Una versión de esta novena la encontramos en los países hermanos de América en las tradicionales "Posadas". Pero esto ya no forma parte de la liturgia propiamente.

Capítulo 4: El ciclo litúrgico natalicio: El Adviento (y IV)

Cardenal Scola, en su catedral de Milán (IV Dom. Adviento)

El IV Domingo de Adviento era señalado en los antiguos libros romanos como **dominica vacat,** porque la vigilia, iniciada la noche precedente e intercalada con el rito de las ordenaciones, concluía al alba con la Misa, que constituía el oficio litúrgico dominical. Pero a partir del siglo VIII cuando las ceremonias de la vigilia fueron anticipadas a la mañana, el domingo tuvo que ser dotado de estación y misa propia, tomando los textos de las ferias precedentes. Esta misa en efecto, repite el introito, el gradual y la comunión del miércoles de Témporas, y el evangelio y la oración secreta del sábado. La epístola paulina, ya leída en el II domingo, hace referencia a la Parusía del Señor: *Nolite ante tempus judicare, quoadusque veniat Dominus (No* juzguéis antes de tiempo, hasta que venga el Señor.)

La serie de cantos ha sufrido muchas vicisitudes. Primeramente fueron adoptados los del sábado (siglo VIII), posteriormente los del miércoles (siglo IX), excepto el texto del Ofertorio *Ave Maria,* tomado de la misa de la Anunciación, y el versículo aleluyático *Veni, Domine,* de nueva composición que en el siglo X sustituí al *Jubilate,* cantado hoy en día en el domingo de la infraoctava de la Epifanía.

Con el séptimo día antes de Navidad comienza en las vísperas el canto festivo de las Antífonas Mayores, llamadas antífonas O, por la vocal con la que empiezan. Son siete, y la Iglesia las canta con el Magníficat del Oficio de Vísperas desde el día 17 hasta el día 23 de diciembre. Son un llamamiento al Mesías recordando las ansias con que era esperado por todos los pueblos antes de su venida, y, también son, una manifestación del sentimiento con que todos los años, de nuevo, le espera la Iglesia en los días que preceden a la gran solemnidad del Nacimiento del Salvador.

Fueron compuestas en Roma en el siglo VI y pasaron a Inglaterra y las Galias hacia los siglos VII-VIII. Algunos autores son propensos a dar la autoría a San Gregorio. Se puede decir que son un magnífico compendio de la cristología más antigua de la Iglesia, y a la vez, un resumen expresivo de los deseos de salvación de toda la humanidad, tanto del Israel del A.T. como de la Iglesia del N.T.

Son breves oraciones dirigidas a Cristo Jesús, que condensan el espíritu del Adviento y la Navidad. La admiración de la Iglesia ante el misterio de un Dios hecho hombre: «Oh». La comprensión cada vez más profunda de su misterio. Y la súplica urgente: «ven».

Cada antífona pues, empieza por esa exclamación «Oh», seguida de un título mesiánico tomado del A.T., pero entendido con la plenitud del N.T. Es una aclamación a Jesús el Mesías, reconociendo todo lo que representa para nosotros. Y termina siempre con una súplica: «ven» y no tardes más.

Leídas en sentido inverso las iniciales latinas de la primera palabra después de la «O», dan el acróstico ***«ero cras»,*** que significa «seré mañana, vendré mañana», que es como la respuesta del Mesías a la súplica de sus fieles,

Vigilia de Navidad

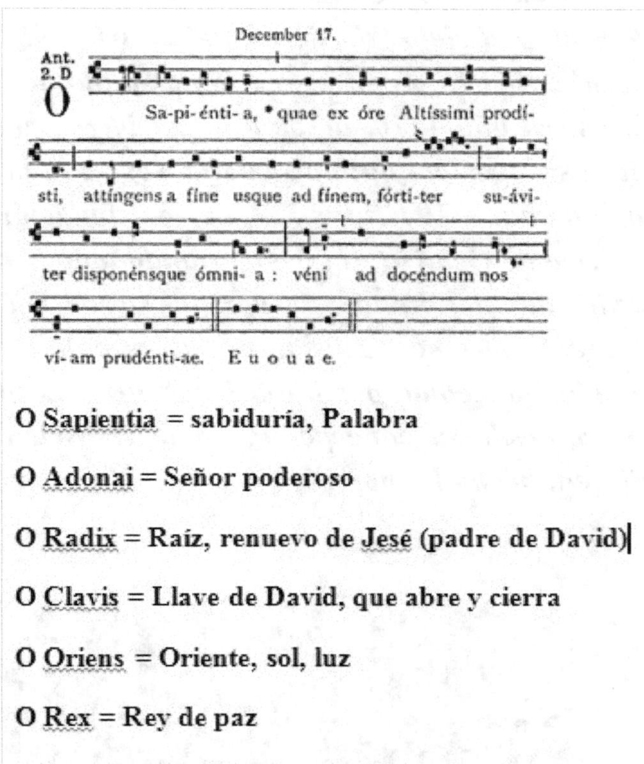

O Sapientia = sabiduría, Palabra

O Adonai = Señor poderoso

O Radix = Raíz, renuevo de Jesé (padre de David)

O Clavis = Llave de David, que abre y cierra

O Oriens = Oriente, sol, luz

O Rex = Rey de paz

O Emmanuel = Dios-con-nosotros.

El oficio de la Vigilia de Navidad está todo iluminado por la luz de la fiesta inminente. La alegra *noticia Hodie scietis quia veniet Dominus et mane videbitis gloriam ejus* (Hoy sabréis que el Señor viene y mañana veréis su gloria), resuena en el Invitatorio de la mañana, y se repite con gozosa impaciencia en los responsorios del nocturno y de las Horas, en el Introito y en el gradual de la Misa. El anuncio oficial, que se da en el coro en la hora de Prima con la lectura del Martirologia, lo hace el sacerdote revestido de capa pluvial y previa incensación. El texto del Martirologio en esta circunstancia es de una inefable solemnidad:

"En el año 5199 de la creación del mundo, cuando en principio Dios creó el cielo y la tierra, del diluvio 2957, del nacimiento de Abraham 2015, de Moisés y de la salida del pueblo de Israel de Egipto el año 1510, desde que David fue consagrado rey 1032; en la sexagésima quinta semana, según la profecía de David, en la olimpiada 194, año 752 de la fundación de Roma, 42 del imperio de Octavio Augusto, estando todo el mundo en paz, en la sexta edad del mundo, Jesucristo, eterno Dios e Hijo del Eterno Padre, queriendo consagrar al mundo con su piadosísima venida, concebido por obra del Espíritu Santo, y pasados nueve meses desde su concepción, nació en Belén de Judá de María Virgen, hecho hombre."

Canto de la Calenda en una comunidad Neocatecumenal

Antaño era costumbre universal arrodillarse en este momento y rezar largamente en silencio.

En tiempos modernos se ha realizado una adaptación de la Calenda, pasando por alto esas precisaciónes cronológicas de dudoso carácter histórico, y con un mayor énfasis en la historia de la espera mesiánica, para su proclamación en las iglesias y comunidades.

En la misa los ministros retoman la dalmática y la tunicela, y se lee el evangelio *Cum esset desponsata mater Jesu Maria Joseph* (Estando desposada la madre de Jesus, María con José)

Maria, Arca de la Nueva Alianza (Gentile da Fabriano)

El canto del ofertorio *Tollite portas, príncipes, vestras.* (Portones, alzad los dinteles) del salmo 23 y cantado el miércoles de Témporas, está lleno de significado. Ese salmo fue compuesto originalmente para acompañar el retorno del Arca de la Alianza al santuario del Monte Sión. Los grandes portales del perímetro amurallado de Jerusalén que se abren para recibirla dieron ocasión para el diálogo lírico que se va intercambiando entre el coro del cortejo y el que espera más allá de las puertas, en el interior de la ciudad. Sión, en el sentido litúrgico, representa en esta misa el mundo que Jesucristo ha santificado con su misericordiosa venida, haciendo esta noche su entrada, mientras que María, su madre, está simbolizada por el Arca de la Alianza.

Capítulo 5: Los orígenes de la Fiesta de la Navidad

Mosaico en la Basílicade Santa María en Trastévere

Hay que esbozar una cuestión preliminar tratando de la fiesta de Navidad, y es que en lo que se refiere a la fecha del nacimiento del Salvador hay tal diversidad de opiniones y tan contrastadas, que el solo hecho demuestra que en los primeros siglos no solo no existía una tradición en torno a la fecha de la Navidad, si no que la Iglesia no celebraba la fiesta, ya que si así hubiese sido, entre tanta diversidad de pareceres, este tema hubiera sido una cuestión viva, como sucedió con la solemnidad de la Pascua. Y en cambio no lo fue.

Hacia la mitad del siglo IV encontramos un documento auténtico romano que atestigua indiscutiblemente la existencia de la fiesta de Navidad en Roma el 25 de diciembre. Es la *Depositio Mártyrum* filocaliana, un primer intento de calendario litúrgico que se remonta al año 336, y en el cual leemos en lugar destacado:

VIII Kal. Jan. Natus Christus in Betleem Judae

Es muy probable que Roma, introduciendo esta fiesta, no conociese aún la de la Epifanía que se celebraba en Oriente el 6 de enero. Reforzando esta teoría encontramos el discurso del Papa Liberio pronunciado en San Pedro el año 353, en ocasión de la *velatio* (profesión religiosa) de Santa Marcelina, hermana de San Ambrosio. En él se habla de la fiesta que se celebra en Roma en aquel día, la Natividad del Señor, pero en una liturgia donde el milagro de Cana y la multiplicación de los panes tenían un lugar central y donde era cosa normal la velación de las vírgenes (profesión religiosa). Una tal celebración natalicia no puede ser otra que la Epifanía, la cual en esa época, coexistía con la fiesta del 25 de diciembre.

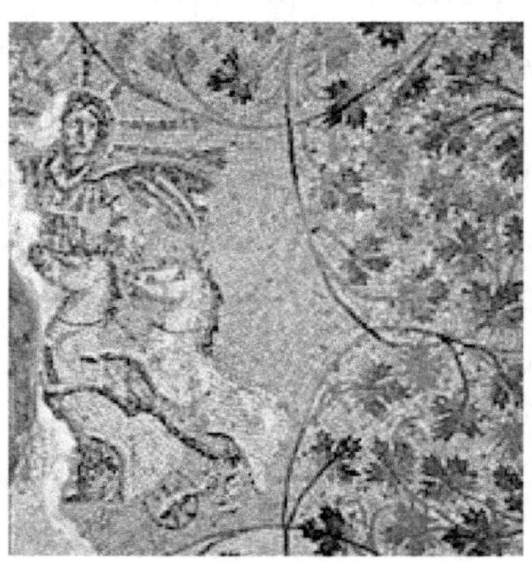

Mosaico con el Sol Invictus

¿Pero por qué esa fecha? Los historiadores mantienen varias hipótesis. La primera, propuesta por un antiguo escritor sitio y retomada por historiadores contemporáneos, supone que la Iglesia quiso sustituir con la Navidad la fiesta pagana que se celebraba en Roma en honor de Mitra, el vencedor de las tinieblas. En el año 274 el emperador Aureliano le dedicó un suntuoso templo cuya inauguración tuvo lugar un 25 de diciembre, con una concreta prescripción de los juegos circenses que tenían que efectuarse.

Otros piensan que la fiesta de la Navidad se instituyó con la intención de sustituir a las Saturnales que eran unas festividades romanas muy populares. Se las llegó a denominar "fiestas de los esclavos" ya que en ellas, los esclavos recibían raciones extras, tiempo libre y otras prebendas; el cristianismo de la antigüedad tardía tuvo fuertes problemas para acabar con esta fiesta pagana, intentando eliminarla.

Las Saturnales se celebraban por dos motivos: en honor a Saturno, dios de la agricultura y como homenaje al Sol en su solsticio de invierno. Se celebraban del 17 al 23 de diciembre, a la luz de velas y antorchas, por el fin del período más oscuro del año y el nacimiento del nuevo período de luz, o nacimiento del Sol Invictus, 25 de diciembre, coincidiendo con la entrada del Sol en el signo de Capricornio. Sol invictus fue un título religioso aplicado al menos a tres divinidades distintas durante el Imperio romano: Elagabal, Mitra y Sol. Probablemente las Saturnales fueran las fiestas de la finalización de los trabajos del campo, celebrada tras la conclusión de la siembra de invierno, cuando el ritmo de las estaciones dejaba a toda la familia campesina, incluidos los esclavos domésticos, tiempo para descansar del esfuerzo cotidiano.

Mosaico romano de las Saturnales

Eran siete días de bulliciosas diversiones, banquetes e intercambio de regalos. Las fiestas comenzaban con un sacrificio en el templo de Saturno (en principio el dios más importante para los romanos hasta Júpiter), al pie de la colina del Capitolio, la zona más sagrada de Roma, seguido de un banquete público al que estaba invitado todo el mundo. Los romanos asociaban a Saturno, dios agrícola protector de sembrados y garante de cosechas con el dios prehelénico Crono, que estuvo en activo durante la mítica edad de oro de la tierra, cuando los hombres vivían felices, sin separaciones sociales. Durante las Saturnales, los esclavos eran frecuentemente liberados de sus obligaciones y sus papeles, en algunos casos, cambiados con los de sus dueños.

En las fiestas Saturnales, se decoraban las casas con plantas y se encendían velas para celebrar la nueva venida de la luz.

No resultan para nada inverosímiles estas dos teorías, habiéndose tantas veces demostrado que la Iglesia suele sustituir una fiesta pagana por una festividad cristiana para evitar la distorsión que ello provoca en los fieles, combatiendo con ello al paganismo. Algunos padres de la Iglesia desarrollando la imagen de Malaquias

14,2: *Os nacerá un sol de justicia,* juegan con esa imagen, amalgamándola al nacimiento del sol en su solsticio invernal, orientándola   a   Cristo.

La tercera hipótesis hace derivar la fecha del nacimiento de Cristo de la presunta fecha de su muerte: el 25 de marzo. Esta fecha, históricamente insostenible, era debida a consideraciones astronómicas-simbólicas subrayando que en el equinoccio de primavera había sido creado el mundo. Dando eso por supuesto, también la Encarnación tenía que haber tenido lugar ese día. De ahí a computar el nacimiento para el 25 de diciembre, nueve meses después, sólo un paso. La hipótesis la mantiene Duchesne.

Basílica de la Natividad en Belén

De todos modos, es muy posible que la Iglesia echase mano a todas estas consideraciones para establecer la fiesta litúrgica de la Navidad para el 25 de diciembre.

De Roma, la nueva fiesta natalicia paso a Milán, introducida al parecer por San Ambrosio, y de allí a otras diócesis de la Italia septentrional como Turín y Ravena. De Roma también pasó a las iglesias orientales, desgajando la memoria que ya existía el 6 de enero unida a la Epifanía.

Fue San Juan Crisóstomo quien en una homilía del 20 de diciembre del 386, anuncia la próxima celebración de la Navidad *"entre todas las fiestas la más venerable y la más sagrada, y que podría llamarse sin error **la metrópolis de todas las fiestas"**.* Y cinco días después alababa la numerosa participación de los fieles en la solemnidad.

Hacia esta misma época, la Navidad fue introducida en Constantinopla por San Gregorio Nacianceno (380-381) que inauguró la memoria en la pequeña iglesia de la Anástasis, la única en mano de los ortodoxos, en medio de la marea arriana.

En Jerusalén, a finales del siglo IV, cuando pelegrinó Egeria, el nacimiento del Salvador se celebraba el 6 de enero con dos estaciones, una en la Basílica constantiniana de Belén, que custodiaba la gruta de la Natividad, y la otra en Jerusalén. Pero durante la estancia de Santa Melania (431-439) la fiesta era ya celebrada el 25 de diciembre.

En Egipto, según el testimonio de Juan Casiano que visitó los monasterios a principios del siglo V, la fiesta de la Epifanía era aún considerada como la fiesta del nacimiento del Señor. Sin embargo, pasados algunos años, el 25 de diciembre de 432, Pablo de Emesa, pronunciaba ante San Cirilo de Alejandría un sermón de Navidad. De esta manera y en menos de un siglo, la gran fiesta occidental se extendió e invadió todo el mundo cristiano.

Capítulo 6: El Oficio y las Misas de Navidad (I)

Mosaico en Santa Maria Mayor, referenciando Belén

Toda la liturgia primitiva de la fiesta de Navidad se desarrollaba en la Basílica de San Pedro. Allí, *ad galli cantum,* al canto del gallo se celebraba el consabido Oficio vigiliar que concluía, más tarde, hacia las 10 (*ad tertiam-*) con la Misa solemne. Lo encontramos confirmado en el Leoniano y en una carta del papa Celestino I a Teodosio del año 431, donde se refiere que en el día de Navidad, en la reunión del pueblo cristiano en San Pedro había hecho leer las cartas que habían llegado informando del feliz éxito del Concilio de Éfeso. Es en esta época o quizás muy a finales del siglo IV cuando se introduce la costumbre de celebrar una Misa, *primo mane,* a primera hora de la mañana, siempre celebrada en San Pedro, que no hay que confundir con aquella otra introducida seguidamente más tarde en Santa Anastasia. Lo atesta San León

Magno, comentando los fragmentos evangélicos y encontramos en formulario en el Sacramentario Gelasiano.

Tan sencillos eran los esbozos primitivos de la fiesta de Navidad hasta los tiempos del Papa Sixto III (432-440).

Con Sixto III un nuevo elemento entra en el cuadro litúrgico de la solemnidad. En homenaje a la divina maternidad de María sancionada en Efeso contra Nestorio, hizo realizar importantes trabajos en la basílica erigida por el papa Liberio en el Esquilino, llevándola hasta la majestuosa forma que aún hoy conserva Santa María la Mayor. Y construyó un *praesepe,* es decir una capilla reproduciendo la gruta de la basílica de la Natividad de Belén, de donde el nombre pronto dado a la Basílica, *Sancta Maria ad praesepe.* Se debió tratar de un hipogeo subterráneo, más bien restringido, que comportaba una exigua asistencia de fieles, porque en el año 1075, mientras Gregorio VII celebraba misa, fue arrestado por unos esbirros armados sin que el pueblo se diera cuenta.

Actual cripta-oratorio del Pesebre en Sta. María la Mayor

Es muy probable que Sixto III haya introducido la costumbre de celebrar la fiesta natalicia con un Oficio nocturno (Maitines y Laudes), de carácter mariano, diferente del que al mismo tiempo se cantaba en San Pedro, y precedido de la celebración de una Misa hacia medianoche en el oratorio del pesebre, durante la cual sabemos por San Leon Magno que el evangelio era el de la Anunciación. Es sumamente probable que esta conmemoración nocturna se encontrase inspirada por una costumbre análoga vigente en la Iglesia de Jerusalén hasta el siglo IV. La *Peregrinatio Egeriae* recuerda una estación nocturna que se realizaba en Belén la noche del 6 de enero, entonces fiesta de la Natividad. Nada extraño pues que a principios del siglo V, con las frecuentes relaciones existentes entonces entre Roma y Tierra Santa, se hubiese querido reproducir en la basílica liberiana, junto a la gruta de Belén, también el Oficio Nocturno que allí tenía lugar. Añadamos a todo eso el deseo de modelar una vigilia para Navidad similar a la celebrada en la Pascua y nos encontraremos con las bases litúrgicas de la actual celebración de la Navidad.

El Papa pues celebraba esta primera misa hacia medianoche, " *mox ut gallus cantaverit"* antes de que el gallo cantase (de ahí la denominación de *misa del gallo*), no sobre el altar de la Basílica, sino en el oratorio *ad praesepium,* justo detrás del altar mayor. Acabada la misa, en la cual sólo comulgaba él, presidía el Oficio de la Noche. En el siglo XII el oficio vigiliar se anticipó, y los Maitines se cantaban antes de la Misa, aunque el Papa no asistía: sólo celebraba la misa y asistía a las Laudes, después se iba a descansar, dice el *XIV Ordine* romano. El descanso sin embargo no era largo, porque *summo mane (muy de mañana)* acudía a Santa Anastasia a celebrar la segunda misa. Esta misa tiene un origen netamente romano.

**La actual iglesia de Santa Anastasia (Bernini)
en el Esquilino**

Hasta el siglo IV, en el Palatino, en el palacio del gobierno bizantino, existía un *titulus Anastasiae*. Nos encontramos con varias posibilidades: o es una iglesia edificada en la propiedad de una mujer piadosa de nombre Anastasia, o una iglesia dedicada al misterio de la Resurrección siguiendo el modelo de la Anástasis de Jerusalén. Lo que sí sabemos es que a inicios del siglo V fue introducido el culto a Santa Anastasia, mártir de Sírmio, la actual Sremska Mitrovica en Serbia, una importante ciudad de la entonces Pannonia romana. Santa Anastasia era muy venerada en Constantinopla y había sido degollada el 25 de diciembre del 304 en tiempos de Diocleciano. No hay que confundirla con la Anastasia que recuperó las reliquias de S. Pedro y S. Pablo y por ello martirizada y que es celebrada el 15 de abril ni con la Anastasia mártir romana, en tiempos de Valeriano que sufrió martirio el año 249.La iglesia tomó el titulo de Santa Anastasia.

El Papa Símaco (+514) insertó su nombre en el canon y el Papa Juan III (561-574) como una deferencia hacia la autoridad imperial bizantina, empezó allí a celebrar la misa en la fiesta de la mártir, que coincidía con la Navidad. Al principio fue una simple misa en honor de la mártir, sin ninguna referencia a la Natividad. El sacramentario Gregoriano la presenta incluso con un prefacio propio. Pero pronto se unió la conmemoración de la Natividad, hasta que esta le ocupó el lugar. La misa de la mártir desapareció y quedó únicamente la conmemoración.

De Santa Anastasia el Papa, al menos hasta los tiempos de Gregorio VII (+1085), se trasladaba a San Pedro donde tenía lugar la solemne Misa del Día. En esta misa diurna comulgaban tanto el clero como el pueblo, hasta que en el siglo XIV, la comunión de los prelados de la Curia se anticipó a la misa de la aurora en Santa Anastasia.

Esta estación en San Pedro, en un extremo de la ciudad, era muy incomoda para el Papa, cansado por las funciones precedentes. Por ello a partir del siglo XII el Papa saliendo de Santa Anastasia volvía a Santa María la Mayor donde cantaba la tercera misa.

El *XI Ordine* que describe el cambio de costumbres hace mención de una misteriosa ceremonia cuando el cortejo papal estaba a punto de subir al presbiterio, un doméstico presentaba una caña con un cirio encendido al Pontífice invitándole a dar fuego a unos montones de estopa colocados sobre los capiteles de las columnas. La extraña ceremonia, que en un principio pudiera expresar como la alegría festiva del día (como una especie de fuegos de artificio festivos) muy pronto fue entendida simbólicamente como un anuncio del fin del mundo por la vía del fuego. Ceremonia sustancialmente idéntica pasó al rito de la coronación pontificia cuando se quemaba tres veces estopa en un recipiente a vistas del Papa conminándole a recordar que *"sic transit gloria mundi"* (así pasa la gloria del mundo).

Esta tradición romana, ya consolidada en el siglo VI, de las tres misas natalicias, al principio fue una costumbre reservada al Papa. Hacia finales del siglo VI encontramos en algunos sitios la costumbre de celebrar solemnemente en cada lugar tres misas, pero por tres sacerdotes distintos. A medianoche, al alba y a media mañana. Esta poliliturgia no fue común en la Iglesia antes del siglo X.

La actual praxis de que cada sacerdote celebre tres misas es más tardía aún. El primer testimonio es el del abad Pedro de Cluny (+1156) en sus *Statuta.*

En la misa nocturna durante muchos siglos el canto del Gloria estaba reservado a los obispos, los simples sacerdotes obtuvieron ese privilegio después del siglo X.

La misa diurna, aunque menos sugerente, era la más solemne. Hay que subrayar que en esa misa la oración colecta (*ut nos Unigeniti tui nova per carnem Nativitas liberet: quos sub peccati iugo vetusta servitus tenet*) usa dos términos correlativos: ***nova Nativitas*** (nuevo nacimiento) y ***vetusta servitus*** (esclavitud antigua) fueron así colocados en relación con la institución de la fiesta: nueva **(nova)** porque instituida en oposición a la antigua **(vetusta)** fiesta pagana del sol. Junto a este digamos juego de palabras con mensaje, un claro mensaje teológico: la **nova Nativitas**, es el singular nacimiento virginal de Jesús que inaugura la era de la gracia, mientras la **vetusta servitus** representa el nacimiento de los hombres bajo el yugo del pecado del que Cristo ha venido a rescatarles.

Después del siglo XI se introdujo casi universalmente el canto de la bellísima secuencia **Laetabundus** , atribuida a San Bernardo pero anterior a él. En Roma no se cantaba durante la misa sino en medio al banquete que el Papa ofrecía a los cardenales el día de Navidad.

Laetabundus Exultet fidelis chorus, Alleluia.
Angelus consilii Natus est de Virgine, Sol de Stella.
Sicut sidus radium, Profert virgo filium, pari forma.
Cedrus alta Libani conformatur hyssopo valle nostra.
Isaias cecinit, Sinagoga meminit, Nunquam tamen desinit esse caeca.
Infelix propera, crede vel vetera cur damnaberis, Gens misera?

Es preciso que el coro fiel se alegre y regocije, Aleluya.
El Ángel del Consejo nació de una Virgen, el Sol (nació) de la Estrella.
Así como los astros tienen resplandor, así también la Virgen lleva al Hijo.
El Alto Cedro del Líbano toma la forma de un hisopo en nuestro valle.
Isaías lo anunció, la sinagoga lo recuerda, sin embargo nunca dejó de ser ciega.
Oh Infeliz! apresúrate y cree en las cosas que se anunciaron,
¿por qué quereis condenaros, gente miserable?

El prefacio de Navidad *quia per incarnati Verbi mysterium* tiene la paternidad de San Gregorio Magno, detectamos facilmente en él su estilo y sus palabras.

San Sixto III, fundador del oficio natalicio en Santa Maria-la Mayor

El primitivo Oficio nocturno de la fiesta de Navidad se cantaba, como se dijo, en San Pedro. Aún era así en el siglo IX, pues Amalario lo atestigua dando cuenta también del otro Oficio instituido por Sixto III que el Papa celebraba en Santa María-la Mayor. Más tarde la solemne estación diurna se trasladó de San Pedro a Santa María-la Mayor y allí, en la basílica liberiana se celebraba el antiguo oficio natalicio. El Papa llegaba durante la mañana precedente con los colegios de clérigos y la familia palatina para cantar después de nona, la misa de la vigilia. Por la tarde, al ponerse el sol, *incipiente nocte,* comenzaba la gran solemnidad nocturna natalicia, con el canto del primer Oficio, aquel compuesto por Sixto III, cantado por el clero sin el Papa, compuesto de tres salmos y cinco lecturas sin salmo Invitatorio. En la cuarta lección se reprochaba a los hebreos no haber querido reconocer al nacido Mesías, y por responsorio se cantaban los versos sibilinos: *"Judicii signum, tellus sudore madescet"* *(Este será el signo del juicio: la tierra empapada de sudor)* en los que la

Sibila reprocha al pueblo obstinado su infidelidad al Señor. Fue el origen remoto del famoso <u>canto de la Sibila</u> que más tarde, a partir del siglo XII y XIII y hasta su prohibición por las normas litúrgicas del Concilio de Trento se popularizará en lengua vernácula como canto y drama paralitúrgico en las catedrales de Valencia, Mallorca, Barcelona y otras así como en muchas colegiatas.

Canto de la Sibila en Mallorca, empuñando la espada del juicio final

Hacia medianoche , *adpropinquante gallorum cantu* (acercándose el canto del gallo) mientras el pueblo se concentraba en masa en la basílica, el Papa bajaba al Oratorio del pesebre para cantar la misa, acabada la cual, entonaba el segundo Oficio que se abría con el salmo Invitatorio y que era mucho más solemne que el primero.

Digna de mención era una curiosa ceremonia que tenía lugar durante el II Nocturno: el Pontífice bendecía una espada de empuñadura de oro y un sombrero a manera de yelmo, forrado de terciopelo carmesí, con la simbólica paloma bordada en medio del mismo, que después mandaba como regalo a algún ilustre soberano, príncipe o líder ilustre. Si estaba presente en Roma, intervenía en el Oficio y vestido con sobrepelliz y capa pluvial blanca, cubierto con el yelmo en la cabeza y la espada desenvainada, leía en el ambón la V lectura del Sermón de Navidad de San León Magno (*In quo conflictu pro nobis inito-* Por llevarnos en este conflicto) Si se trataba del Emperador, leía la VII del Evangelio de San Lucas 2,1 (*Exiit edictum a Caesare Augusto* - Salió un edicto de Cesar Augusto). Pero antes de iniciar la lectura y de pedir la bendición ritual para ello, se acercaba al trono pontificio y desenvainando el estoque, tocaba con él tres veces el suelo en señal de sumisión al Papa y otras tres veces los enarbolaba para simbolizar que estaba pronto a socorrerle si era necesario.

Esta extraña costumbre, en uso también en Rouen, entró en el ceremonial de la Capilla Papal en 1368 cuando Urbano V mandó el estoque y el sombrero a la reina Juana I de Nápoles.

En Roma los dos oficios natalicios convivieron hasta el siglo XII, el Antifonario de San Pedro de esa época reporta los textos relativos. Después del exilio de Aviñón el primer oficio fue suprimido y transferido a la octava (1 de enero) donde aún permanece en los libros litúrgicos de 1962. El segundo fue colocado antes de la Misa, separando las Laudes, recitadas acto seguido, tal y como prescribe la rubrica vigente hasta el Breviario de Juan XXIII.

En las iglesias fuera de Roma donde se cantaba un único Oficio nocturno, la vigilia comenzaba de buena mañana, como prescribe la regla de San Cesario (+542).Junto a la de Pascua, era la predilecta del pueblo, el cual la había embellecido de costumbres piadosas y expresivas. Se quería de esta manera, en todas las partes del Oficio Natalicio, acentuar con particulares ceremonias, el gozo festivo que traslucían las frases del texto litúrgico. En Uzés se cantaba dos veces de rodillas el salmo Invitatorio *Christus natus est nobis, venite adoremus.* En Tours todas las antífonas se repetían tres veces. En Langres a cada nocturno se incensaban todos los altares y los cantores. En todos los sitios los cantores de las lecturas y los responsorios debían ir mudados (capas rojas y sombreros, y bastones en las manos); los tropos y las prosas se multiplicaban complementando el texto sagrado, como si este no bastase a la piedad de los fieles.

Los salmos pertenecían al grupo de salmos mesiánicos y las lecturas todas de Isaías, y se leía el título sólo al iniciar la primera. El 4º responsorio *"O Magnum Mysterium...ut animalia viderent Dominum natum"* hacía alusión a los dos animales, el buey y la mula, que una antigua tradición, expresada en el arte cristiano ya a mitad del siglo IV, pone a ambos lados de la cuna de Jesús.

La leyenda, que no tiene ningún fundamento en el Evangelio como ha recordado el Papa en su último libro, nació quizás de dos textos proféticos entendidos al revés. Uno de Habacuc 3,2 que en la versión griega de los LXX y en la Vetus Latina dice: " *In medio duorum animalium innotesceris"* (*En medio de dos animales fue dado a conocer)* y que la Vulgata de San Jerónimo tradujo "O

Señor en medio de los tiempos reaviva tu obra". El otro es de Isaias 1,3:" *Cognovit bos possessorem suum et asinus praesepe Domini sui"* (El buey conoce a su dueño, y el asno, el pesebre de su Señor) cuyo sentido genuino viene explicado en el versículo siguiente: "Israel no me conoció y mi pueblo no ha entendido"- *Israël me non cognovit et populus meus non intellexit*).

Las tres lecturas evangélicas del III Nocturno estaban en el pasado rodeadas de especial solemnidad: eran cantadas por tres diáconos distintos, uno con dalmática blanca, otro con verde y el tercero con roja. Acabado el responsorio 9°, un gran número de Iglesias, aunque no la Romana, leían el principio del evangelio de San Mateo: la Genealogía de Jesucristo. Después del cual se cantaba la antífona "O mundi Domine" (Oh Señor del mundo) y se cantaba el Te Deum comenzando acto seguido la Misa del Gallo.

Capitulo 8: Las fiestas de los santos en la Octava de Navidad

Lapidación de San Esteban en las pinturas de S. Joan de Boí

Reagrupadas en torno a la Navidad, encontramos ya en algunos vetustos calendarios litúrgicos, la fiesta de algunos entre los santos más ilustres del Nuevo Testamento. Su inserción en este tiempo tiene una intencionalidad teológica, constituyen como un cortejo de honor (*Comites Sponsi-acompañantes del Esposo)* al Dios encarnado, detallando con su vida el sentido profundo de la Encarnación. Es debido a esto, por subrayar este concepto, que este pequeño ciclo festivo ha quedado encajado en el Propio del tiempo, según el ordenamiento primitivo de los sacramentarios, mientras las otras fiestas santorales están recogidas y agrupadas en el Propio de los Santos.

Las Iglesias de Occidente (Galia, Hispania, Africana…) a diferencia de las orientales, no admitieron en el grupo de las fiestas santorales natalicias, la de los Santos Pedro y Pablo, siguiendo el ejemplo de la Iglesia Romana donde, al menos desde el tiempo de Constantino era celebrada el 29 de junio. Incluso el uso romano excluyó del 27 de diciembre la conmemoración de Santiago apóstol, dejando únicamente la de su hermano San Juan, el evangelista. La Iglesia hispánica, a modo de ejemplo, celebra:

26 dic SAN ESTEBAN, diácono y mártir

27 dic Santa Eugenia, virgen y mártir

28 dic SANTIAGO HERMANO DEL SEÑOR, APÓSTOL

29 dic S. JUAN, APÓSTOL Y EVANGELISTA

30 dic SANTIAGO HERMANO DE SAN JUAN, APÓSTOL

31 Sta. Columba, virgen y mártir

1 enero CIRCUNCISION DEL SEÑOR

2 enero Inicio del Año

3 enero SAN JOSÉ

6 enero LA APARICION DEL SEÑOR (MANIFESTATIO)

7 enero Stos. Julián y Basilisa

8 enero LA MATANZA DE LOS NIÑOS

La presencia de la memoria festiva de Santiago, unida a la de San Juan, estaba presente en la liturgia galicana. El uso romano la excluyó, y esta aparece el 25 de julio en las recensiones más tardías del Sacramentario Gregoriano, a finales del siglo VIII, probable fecha del traslado de sus reliquias.

Estas fiestas de los santos no oscurecían la octava de Navidad, esta se mantenía viva en el oficio litúrgico, ya que el 1º y el 2º nocturno eran de la fiesta, pero el 3º nocturno *de Nativitate,* así como las vísperas.

El culto a San Esteban, que ya existía en Oriente a finales del siglo IV, y quizás en Italia (en Ancona) se difundió rápidamente por toda la Iglesia, acto seguido al encuentro de sus reliquias el 5 de diciembre del año 415 en Cafargamala, cerca de Jerusalén, por obra de un presbítero de nombre Luciano. Por la carta que él mandó en tal ocasión, relevamos que las reliquias del protomártir, descubiertas por él gracias a un sueño, fueron transportadas con gran pompa a Jerusalén y depuestas en la iglesia de Sion y posteriormente en un *martyrium,* donde cada año se celebraba su festividad. No todas las reliquias se quedaron en Jerusalen. Luciano retuvo una buena parte y las distribuyó. El famoso <u>Paulo Orosio</u> llevó una a Menorca en el 416, la emperatriz Eudosia a Constantinopla en el 431, muchas acabaron en África (Uzalum, Calama, Hipona…) Esa carta había tenido mucha repercusión y el culto a San Esteban tuvo un impulso extraordinario. En Roma en el siglo V existían dos basílicas dedicadas a San Esteban. En el Medioevo, fuera de Roma, la fiesta de San Esteban era considerada propia especialmente de los diáconos, a los cuales correspondía en este día presidir el oficio en el Coro y cantar la Epístola, el Gradual y el Aleluya de la misa vestidos con dalmática.

Relicario de los Inocentes- Milán

La tumba de los Inocentes en Belén, que recuerda el itinerario de Antonino de Piacenza (siglo VI) no parecer haber sido objeto de culto litúrgico por mucho tiempo. En Occidente esa fiesta aparece por vez primera en el Calendario cartaginés y en el Sacramentario Leoniano. Quizás nació en África y de allí paso a Italia. La estación litúrgica está asignada a la basílica de San Paola Extramuros. El cardenal Schuster, gran liturgista donde los haya, conjetura en su *Liber Sacramentorum,* que quizás este es el postremo recuerdo de una antiquísima fiesta en honor de los Príncipes de los Apóstoles, Pedro y Pablo, ya atestada en muchos calendarios orientales del siglo IV. Sea como fuese, la antigua litúrgica romana, daba a la fiesta de los Inocentes aquella impronta festiva de júbilo que era propia de todas las fiestas de los mártires. Fue más tarde, quizás por influencias galicanas, que se advierten ciertas notas de luto, el color litúrgico de la Iglesia Romana fue el morado, no rojo, ya que estos niños fueron martirizados en un momento en que no podían alcanzar la visión beatífica. Por la compasión, por así decirlo, hacia las madres llorando de Belén, la Iglesia omitía en la Misa, el Gloria y el Aleluya. Y excepto que cayese en domingo, conmemoración semanal de la resurrección y por tanto de la coronación del triunfo de los Inocentes, ese era día de abstinencia de carne, omitiendo el canto Te Deum en el oficio. Solo en Roma eran llamados Inocentes, en todo lugar únicamente *"niños"*.

Como San Esteban para los diáconos, los Inocentes se convirtió en la fiesta de los niños y en este día, durante la baja Edad Media, en muchas iglesias los canónigos cedían el puesto a los niños, asumiendo todo el oficio coral, excepto la santa misa, claro está. En algunos lugares, se llegó a crear un "niño obispo" *(episcopellus- bisbetó)* que con mitra y báculo se sentaba en la cátedra, impartía la bendición y era recibido en los monasterios por los abades, priores y abadesas con agua bendita. Estos usos, como es lógico, acabaron a menudo en ridículas profanaciones y sangrientas rivalidades, por lo cual, los concilios desde el siglo XIII hasta el XVI se esforzaron en reprenderlas y prohibirlas severamente.

Capitulo 9: La Circuncision, Año Nuevo y Santa María

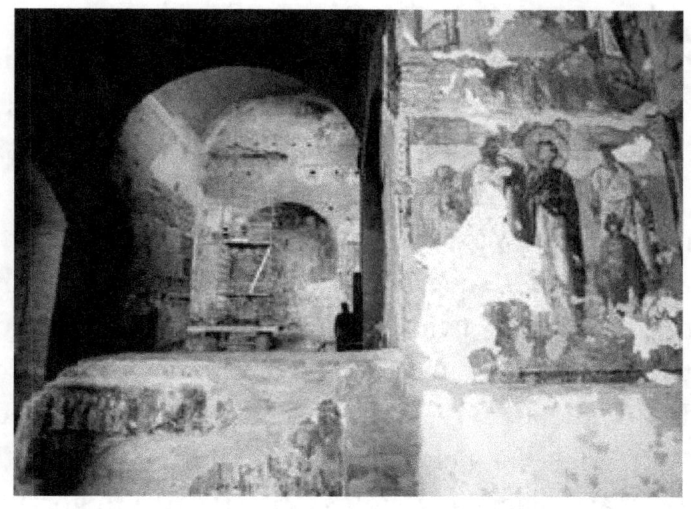

Santa María Antigua, en el Foro

El 1 de enero se presenta en la historia litúrgica como una extraña compenetración de varias recurrencias: la Octava natalicia, la Circuncisión, el *Natale Sanctae Mariae* y el oficio *ad prohibendum ab idolis*. Todos ellas han contribuido al formulario de la actual fiesta de Año Nuevo. Dejando a parte, claro está, pues no tiene carácter litúrgico, la Jornada Mundial de la Paz que Pablo VI estableció para este día en 1968.

La memoria litúrgica más antigua es sin duda el oficio " *ad prohibendum ab idolis*". Es sabido que el primer día de enero, dedicado a los saturnales romanos en honor a Jano bifronte (el mes "Ianuarius" está dedicado a él, pues era el dios que abría las puertas, y pues el año) fuese ocasión para los cristianos menos fervientes de retomar las prácticas siempre vivas del paganismo, entregándose a un loco desenfreno que degeneraba en fiestas orgiásticas e idólatras. Tertuliano, los Padres griegos y latinos, los Concilios y también San Agustín, atestiguan esta obstinada pervivencia entre los fieles de las supersticiones paganas en las Calendas de enero. Por eso todos ellos invitaban al ayuno expiatorio y a la oración en la iglesia, lo cual encontró rápidamente eco en los usos litúrgicos. En muchos lugares se establecieron letanías de penitencia para extirpar los usos gentiles. El IV Concilio de Toledo (633) prescribe un ayuno riguroso como el cuaresmal y prohíbe cantar el Aleluya en la misa. La misa *ad prohibendum ab idolis* que se encuentra en el Leoniano y en el Gelasiano, en los libros galicanos e hispano-mozárabes muestra un carácter penitencial muy fuerte y de enérgica protesta contra las desaforadas licencias de estos días. La misa debía celebrarse después de nona, concluyendo el semi-ayuno. Esta fiesta expiatoria decayó hacia los siglos VI-VII. El Gregoriano ya no contiene ninguna referencia a ella, pero en la oración secreta de la misa de la Octava de Navidad (*Muneribus nostris*) y la post-communio (*Haec nos communio Domine purget a crímine*) provienen de la antigua misa penitencial.

Jano bifronte

A las oraciones y a esta misa contra la idolatría, la Iglesia de Romana, juzgó oportuno añadir, como táctica más eficaz de lucha, una fiesta especial conmemorativa de la Virginidad de María, Madre de Dios.

Los libros litúrgicos nos la presentan bajo el título *Natale Sanctae Mariae* con el formulario de la misa "Vultum tuum" pero con la hermosa oración mariana: *Deus qui salutis aeternae,* pero sin ninguna referencia a la Navidad. No sabemos si esta fiesta, al parecer la primera fiesta mariana que fue inscrita en el ciclo litúrgico de la Iglesia Romana, fue introducida para honrar la divina Maternidad e inviolada Virginidad, o por algún motivo histórico o local. Puede que ambas cosas. Alguien ha hablado de influencias bizantinas, y con bastante fundamento, ya que en la Galia y en Oriente el culto litúrgico mariano había experimentado un desarrollo considerable. Otros han propuesto el recuerdo de la dedicación de Santa María *Antigua,* una iglesia erigida en el siglo IV, sobre el mismo lugar donde se alzaba el templo de la *"Vesta Mater",* en el cual según la leyenda pagana, cada año un dragón devoraba una de las vestales. La iglesia habría sido dedicada a la Madre de Dios, para celebrar su gloria como vencedora de los ídolos. La basílica en el siglo V estaba servida por monjes orientales, y esta puede ser la razón por la que muchas de las antífonas de Laudes y Vísperas en la liturgia de la octava, tengan sabor bizantino y fuesen introducidas por ellos.

Fresco, muy poco habitual de la Circuncisión.

La impronta mariana de la Octava fue prevalente en la liturgia medieval, antes de que fuese elaborado el formulario posterior. Ya Bernoldo de Constanza (+1100) escribía que *"en la octava del Señor, por la romana autoridad, no se celebra la misa "Puer natus est" sino el oficio "Vultum tuum" tal como se encuentra en el Gradual, con la oración gregoriana "Deus qui salutis aeternae" y no la natalicia "Deus qui nativitatem dicimus" Quedando claro de manera evidente que el Oficio es de Santa María"*.

La reforma litúrgica de 1969 trató de recuperar esa antigua tradición romana instituyendo para el día uno de enero, la solemnidad de Santa María Madre de Dios, eliminando la del 11 de octubre, que se celebraba en recuerdo de la definición dogmática de Éfeso proclamada ese día.

El tercer elemento, en orden cronológico que se inserta en este día, es lógicamente la Octava de Navidad. En el Gelasiano aparece con oraciones y prefacio fuertemente natalicio pero sin ninguna alusión a la circuncisión fuera de lo estrictamente contenido en el evangelio (A los ocho días circuncidaron al Niño…)

En otras liturgias el dato evangélico de la Circuncisión pronto sugirió una conmemoración particular. Primero en España, de allí pasó a la Galia, donde todos los libros galicanos presentan una misa que tiene como objeto esa conmemoración.

Los libros romanos ignoran una fiesta de ese género hasta el siglo XI. Hasta la reforma de Juan XXIII en 1962, que suprimió tal denominación, el título de la fiesta era *In Circumsione Domini et Octava Nativitatis,* simplificando con la más sencilla "Octava de la Natividad". Aun así la fórmulas litúrgicas presentan este carácter compuesto mariano-natalicio que provienen de los diversos factores histórico- litúrgicos, sobrepuestos y mezclados finalmente.

Capítulo 10: El Santísimo Nombre de Jesús

Moneda de Constantino con el monograma de Cristo

El motu proprio de San Pío X "Abhinc duos annos" del 23 de octubre de 1913, resituó en su centro natural la fiesta del Santísimo Nombre de Jesús, que Inocencio XIII en 1721 había establecido para el II Domingo después de Epifanía, fijándolo para el domingo entre el 2 y 5 de enero y en su defecto para el día 2.

El Nombre de Jesús, y debería ser superfluo subrayarlo, siempre fue invocado y venerado en la Iglesia desde los tiempos apostólicos. Baste recordar la fórmula *In nomine Jesu* tan frecuente en los Hechos de los Apóstoles, el discurso de San Pedro después del milagro del paralítico y la lírica expresión de San Pablo "En el nombre de Jesús toda rodilla se doble...". Sin embargo no fue objeto de un culto litúrgico propiamente dicho hasta la época de San Bernardino de Siena (1380-1444). Este en sus predicaciones por toda Italia, no sólo exhortaba al pueblo en la confianza en aquel Santo Nombre, si no que solía bendecirlo con un cuadro en el que estaban dibujadas en oro y circundadas de rayos, las letras del nombre de Jesús. Estos cuadros, dejados como recuerdo por él mismo en los pueblos de sus misiones, enseguida fueron expuestos a pública veneración, dando pie a in culto regular y constante. Aunque esto levantó algunas ampollas.

Al finalizar sus sermones San Bernardino mostraba el emblema a los fieles y les pedían que se arrodillaran para a adorar al Redentor. Recomendaban que colocaran el monograma de Jesús a las puertas de sus ciudades y a las puertas de sus casas. San Bernardino predicaba esta devoción nueva, y fue acusado por sus enemigos y conducido al tribunal del Papa Martín V. Defendido por San Juan de Capistrano que le reconocía como su maestro y lo hizo con tanta elocuencia, justicia y éxito que el papa no sólo permitió la adoración del Santísimo Nombre de Jesús, sino que asistió a una procesión en la que se llevaba el Santo Monograma. La tabla usada por San Bernardino es venerada en la actualidad, en Santa María en Ara Coeli en Roma.

San Bernardino de esta manera obró milagros en Boloña, en Camaiore (Lucca) y en Volterra, donde a tal fin fue erigida una iglesia por una cofradía. Camaiore queda inscrita en la historia por haber tenido el privilegio de haber celebrado la primera fiesta en honor del Nombre de Jesús. Fue establecida por decreto municipal con fecha 14 de junio de 1528 y fijada para el 1º de Junio. Dos años después (1530), Clemente VII concedía a la Orden Franciscana el Oficio del Nombre de Jesús, compuesto por el padre Bernardino de Bustis y en 1721 a instancias del emperador Carlos VI, Inocencio XIII lo extendió a toda la Iglesia.

S. Bernardino con sus cuadros del Nombre de Jesús

Los tres himnos del Oficio, sacados de un poema de 53 estrofas el *Iesu dulcis memoria*, no son de San Bernardo, como comúnmente se escribe, si no de una abadesa benedictina del siglo XI. Dom Pother los ha encontrado en un misal del siglo XI y San Bernardo nació en 1090. No esta de más resaltar que el nombre de Jesucristo, desde el siglo II, fue piadosamente asociado, especialmente en las inscripciones, a la memoria de personas y de acontecimientos. Se usaba, a tal fin, abreviándolo con las siglas de sus iniciales en lengua griega IH (Jesus) XP (Xhristos) o con un simple crismón (el monograma de Cristo), y eso muy antes de Constantino con sus monedas. Este emperador, como es sabido, después de la visión, lo hizo grabar y usar como lábaro militar y reproducir en algunas monedas.

A partir del siglo VI, o incluso antes, en Occidente encontramos algunos manuscritos con las letras unciales de los dos nombres latinos JESUS CHRISTUS abreviados normalmente IHS XPS. Se encuentra por primera vez en una moneda de oro del siglo VIII: DN IHS CHS REX REGNANTIUM (El Señor Jesucristo, Rey de Reyes). La sigla XPS es la descomposición del monograma antiguo de Cristo en sus dos letras iniciales y en la final, cambiando el Sigma griego por la S latina. Cuando a mitad del siglo VII, se introdujo la escritura minúscula, la *eta griega (η)* permaneció como una h, por ignorancia del griego de los amanuenses. Por último el *titulum* puesto en los misales encima de la letra media para indicar las abreviaciones y que normalmente la cortaba en la parte superior, dio origen a la cruz, que frecuentemente en el arte medieval y moderno, corona las siglas IHS, mucho más tarde reconvertido y reinterpretado en el acróstico IESUS HOMINUM SALVATOR (Jesús Salvador de los Hombres)

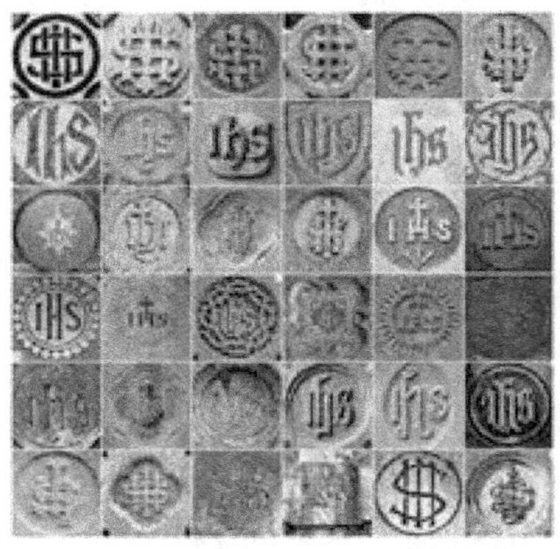

En el misal de 1962, la fiesta es de II clase y se celebra pues el domingo entre el día 2 y el día 5 de enero y en su defecto, el día 2 mismo, como Pío X había prescrito. En el misal de 1969 la fiesta desapareció y fue colocada como una misa votiva más en el apéndice final de votivas.

En la edición típica latina del Misal Romano del 2003 se ha restituido la memoria del Santísimo Nombre de Jesús el 3 de enero, puesto que el 2 se celebra la memoria de San Basilio y San Gregorio Nacianceno. Como todavía no se ha editado en España, por eso no aparece en el calendario. En la edición típica de 1975, sobre la que está hecha la 2ª edición española que nosotros utilizamos todavía, figura como la 4ª de las misas votivas: "De Sanctissimo nomine Jesu" con un único formulario.

El introito es *"In nomine Iesu"* en un misal y en otro. La colecta varía. En el *"Sanctíssimum Jesu nomen venerántibus, nobis, Dómine, concéde propítius, ut, ejus in hac vita dulcédine perfruéntes, sempitérno gáudio in pátria repleámur. Per Dóminum"*.

La antífona del ofertorio, suprimida en el misal postconciliar, no así en el de 1962, es: *"Confitébor tibi, Dómine Deus meus, in toto corde meo, et glorificábo nomen tuum in aetérnum: quóniam tu, Dómine, suávis et mitis es: et multae misericórdiae ómnibus invocántibus te, allelúja" (Sal. 85, 12 y 5)*.

La oración super oblata actual es: *"In ejus nomine, Pater omnípotens, múnera nostra dignáre suscípere, in quo quidquid petiérimus nos certe consecutúros esse confídimus, ipso Fílio tuo benigníssime pollicénte. Qui vivit"*. La del misal de 1962 (la secreta) es: *"Benedíctio tua, clementíssime Deus, qua omnis vigit creatúra, santíficet, quaésumus, hoc sacrifícium nostrum, quod ad glóriam nóminis Fílii tui, Dómini nostri Jesu Christi, offérimus tibi: ut majestáti tuae placére possit ad laudem, et nobis profícere ad salutem. Per eúndem Dóminum"*.

La antífona de comunión es: *"Non est áliud nomen sub caelo datum homínibus, in quo opórteat nos salvos fiéri" (Act. 4, 12)*. La del misal de 1962: *"Omnes gentes quascúmque fecísti, vénient, et adorábunt coram te, Dómine, et glorificábunt nomen tuum: quóniam magnus es tu, et fáciens mirabília: tu es Deus solus, allelúja" (Sal. 85, 9-10)*.

La oración postcomunión es: *"Tua nobis, quaésumus, Dómine, miseratióne concede, ut in his sacris mystériis Dóminum Jesum dignis obséquiis venerémur, in cujus nómine voluísti omne genu flecti, omnésque hómines inveníre salútem. Per Christum"*. La del misal de 1962 es: *"Omnípotens aetérne Deus, qui creásti et redemísti nos, réspice*

propítius vota nostra: et sacrifícium salutáris hóstiae, quod in honórem nóminis Fílii tui, Dómini nostri Jesu Christi, majestáti tuae obtúlimus, plácido el benígno vultu suscípere dignéris; ut grátia tua nobis infúsa, sub glorióso nómine Jesu, aetérnae praedestinatiónis título gaudeámus, nómina nostra scripta esse in caelis. Per eúndem Dóminum nostrum".

La devoción al nombre de Jesús es una preciosa herencia de toda la Iglesia, los dominicos así lo entendieron y fueron grandes propagadores, incluso un siglo antes que San Bernardino y los franciscanos. El beato Jordán de Sajonia, el beato Enrique Susón, Santa Catalina de Siena y el beato Juan de Vicenza, todos ellos dominicos, por poner algunos ejemplos, fueron apasionados devotos de este santo nombre. Gregorio X, en 1274, confió a la Orden de Predicadores, en la persona del Maestro General, Beato Juan de Vercelli, la predicación de la devoción que derrama dulzura sobre los corazones. Se erigieron Cofradías en las iglesias de la Orden, y tan florecientes, que alguna de las actuales, como en

Estados Unidos supera el número de tres millones y medio de hombres asociados. El fin de la Cofradía es propagar la devoción y culto del Nombre de Jesús contra la blasfemia y profanación de los días festivos.

Capitulo 11: La Epifanía

El nombre griego de esta fiesta (Epifanía o Θεοφάνεια) indica de manera directa su origen oriental. La primera noticia de ello nos la da San Clemente de Alejandría (+215), afirmando que la secta gnóstica de los Basilidianos celebraba en este día el nacimiento y el bautismo de Jesús. Esa secta herética afirmaba que sólo en el momento del bautismo la divinidad se había unido a la humanidad de Cristo. Por esa razón pues, el cómputo del verdadero nacimiento divino de Jesús, tenía que empezar en ese momento. Que una memoria de tal tipo fuese celebrada en alguna iglesia cristiana de oriente no es imposible, aunque debió ser una fiesta secundaria. Orígenes en la lista de las fiestas cristianas en su obra contra Celso no hace ninguna mención. Por el contrario, por la *Passio Sancti Philippi* sabemos que en la ciudad de Heraclea Síntica en la Tracia (actual Bulgaria), en el año 304 la Epifanía era considerada *dies sanctus*. Sin embargo podemos afirmar con certeza que en el objeto primario de esta solemnidad en Oriente era la Natividad. Sólo a partir del siglo IV cuando en Occidente fu introducida la fiesta del 25 de diciembre, el recuerdo del Bautismo pasó a primera línea. En efecto, en los antiguos calendarios coptos la Epifanía es llamada *Dies baptismi sanctificati o Immersio Domini*. En este día eran bautizados los catecúmenos, de ahí el nombre de *día de la luz* con que la calificaron los Padres Griegos. El carácter bautismal de la Epifanía en Oriente influyó en el carácter bautismal que después, con la introducción de la celebración del 25 de diciembre en Occidente, adquiriera la vigilia de Navidad en el rito hispánico.

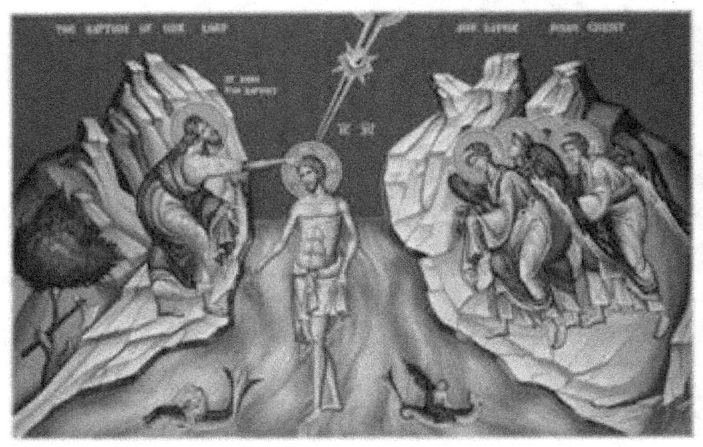

Θεοφάνεια **oriental**

De Oriente la fiesta de la Epifanía, como un contrapunto de Navidad, pasó a Occidente hacia la mitad del siglo IV, quizás a través de las Galias. Los primeros vestigios los encontramos allí. El escritor pagano Amiano Marcelino, encontrándose con Juliano el Apóstata en Vienne a mitad del siglo IV afirma haber asistido al oficio que los cristianos en el mes de enero llaman Epifanía. El Concilio de Zaragoza del 380 la conoce como fiesta precedida de un ayuno. San Agustín ha dejado 6 sermones para este día. Pero resulta más que seguro que la mayor parte de las Iglesias de Occidente al aceptar esta fiesta no entendieron celebrar el bautismo del Señor, como los orientales, sino la Manifestación a los Magos (*primitiae Gentium)* en su visita al Niño, como Señor y

Rey de todas las naciones de la tierra. Los monumentos del arte cristiano representando a los Magos con el Niño demuestran la prevalente importancia de este misterio en la mentalidad de la época. Por otra parte, si bien San Agustín o San León, así como el Gelasiano consideran que el único objeto de la fiesta es la conmemoración de los Magos, San Ambrosio habla de dos teofanías más: la del bautismo y la de las Bodas de Caná. Y con él, San Paulino de Nola y San Máximo de Turín. Esta complejidad de conmemoraciones teofánicas de influencia oriental, quieren expresar una gran idea religiosa: las bodas místicas de Cristo con la Iglesia, por medio de las cuales Ella adquiere una fecundidad espiritual tal, de poder engendrar en el Agua y el Espiritu a los hijos de Dios. La idea de los sagrados esponsales hizo entrar a las bodas de Caná en el objeto de la fiesta, considerando la conversión del agua en vino un prototipo de la Eucaristía. En las Galias se agregó el gran milagro de la multiplicación de los panes. La antífona romana del Benedictus, en las Laudes, tiene ese sabor greco-siriaco que tan bellamente expresa la idea nupcial epifánica: *Hodie ceolesti Sponso iuncta est Ecclesia, quia in Jordanis lavit Christus ejus crimina; currunt cum muneribus Magis ad regales nuptias, et ex aqua facto vino laetantur convivia.* (Hoy la Iglesia se ha unido a su Celeste Esposo porque en el Jordán hoy Cristo ha lavado sus crímenes: se apresuran con sus ofrendas los Magos a las bodas reales, y se regocijan en el banquete con el agua convertida en vino.) Todo esta dicho.

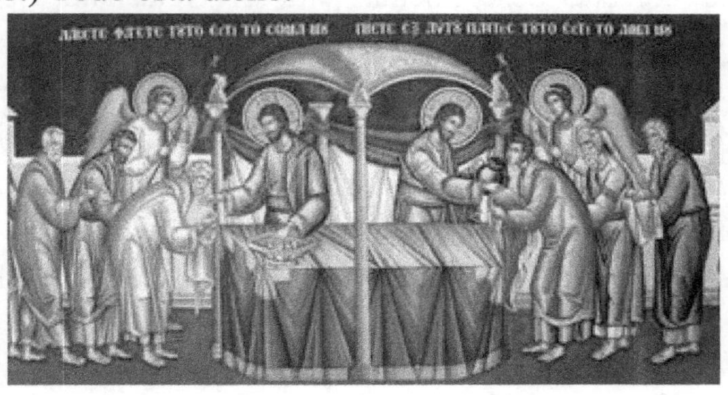

La conversión del agua y la multiplicación de los panes

Tanto en el modo extraordinario (misal 1962) como en el ordinario del rito romano (misal 1969-70), en los domingos posteriores a la Epifanía están presentes las perícopas evangélicas de esas teofanías.

Como Navidad, la Epifanía tenía una solemne vigilia nocturna. El Papa la celebraba en San Pedro con doble oficio, el segundo de los cuales, como advierte el XI Ordo romanus, comenzaba con la antífona Afferte, omitiendo el invitatorio, junto con el versículo inicial del himno, que eran desconocidos para el oficio romano primitivo. Tal es aún el uso actual; el salmo 94, Venite exultemus, se canta en el tercer nocturno, antifonándolo, es decir, intercalando, según la costumbre antigua, a cada uno o dos versículos la antífona del salmo. Muchas iglesias leían en este mismo nocturno los evangelios relativos a los tres acontecimientos conmemorados en este día. *"**Tria** sunt evangelia huius solemnitatis — dice Durando — **unum** de baptismo, véase el "Factum est";* ***secundum** de Magis,* veáse. *«Cum natus esset Iesus»* que se dice en la misa… **tertium** est de nuptiis. Otras añadían aún un cuarto, la genealogía de Jesús según San Lucas. Los textos del oficio y de la misa de esta solemnidad están en gran parte dirigidos a conmemorar y celebrar la venida y las ofrendas de los Magos. En particular, la colecta, desconocida para el Gelasiano, se debe probablemente a la pluma de San Gregorio Magno; la bella secreta (*Te rogamos, Señor, mires propicio los dones de tu Iglesia, en los que ya no se ofrece oro, incienso, ni mirra, sino lo que con estos mismos dones se significa, se inmola y se recibe, Jesucristo, tu Hijo y Señor nuestro. El cual vive y reina contigo…*) es una de las pocas fórmulas mozárabes entradas en la liturgia romana; el texto especial del Communicantes: *Diem sacratissimum celebrantes, quo Unigenitus tuus in tua tecum gloria coaeternus in veritate carnis nostrae visibiliter corporalis apparuit* , (...en que tu Unigénito, coeterno contigo en la gloria ha aparecido corporalmente visible en la verdad de nuestra carne...) que parece aludir a las herejías maniqueas de los siglos IV-V, poniendo en antítesis la preexistencia del Verbo en la gloria paterna de la eternidad y su aparición temporal en la realidad de la humanidad asumida sobre el cuerpo aparente de Cristo, debía originariamente haber sido para Navidad. El Gelasiano la había adaptado a la Epifanía introduciendo una alusión a los Magos, que después fue suprimida en el Gregoriano. Las otras dos teofanías encuentran apenas una alusión en el himno abecedario de Sedulio *Crudelis Herodes Deum* , cuya primera parte *A solis ortus cardine* es cantada en las laudes de Navidad y en pocos responsorios y antífonas, entre las cuales la cuarta de las laudes y vísperas, *Maria et flumina* , y la del Benedictus "Hodie caelesti Sponso", que he citado anteriormente. El bautismo de Cristo fue conmemorado el día de la octava, introducida durante el siglo VIII.

El Pontificale Romanum prescribe que en la misa del día de la Epifanía, cantado el evangelio, el archidiácono, vestido de pluvial, anuncie al pueblo desde el ambón la fecha de la Pascua y de las otras fiestas movibles del año. Esta costumbre se relaciona con la práctica de los primeros siglos cristianos, cuando desde Alejandría, desde donde eran más especialmente cultivados los estudios astronómicos, se mandaban a todas las iglesias de la cristiandad las llamadas **Lettere festali,** en las cuales se indicaba la fecha precisa de la Pascua. Fue el concilio de Nicea (325) que confirió al patriarca de la Metrópolis egipcia este encargo, entonces tan importante y que parece lo tuviesen ya sus antecesores. La colección de las cartas festales de San Atanasio, descubiertas por

Cureton en 1848, nos trae ejemplos interesantes de las fórmulas usadas en esta ocasión. Ya en el siglo V en las iglesias de España el anuncio de estas fiestas se hacía en la misa del día de Navidad inmediatamente después del evangelio. Dom Marius Férotin, en su *Liber Ordinum* recoge una fórmula que puede remontarse hasta el 450.

En cambio, en la Galia, y en Italia, en Aquileya, Milán y Roma, se anunciaba la Pascua en la fiesta de la Epifanía, como está todavía en uso en la Iglesia latina.

Otro rito propio de la Epifanía es la bendición del agua que, en memoria del bautismo de Cristo, se celebra todavía hoy solemnísimamente por los griegos, y que en el pasado era realizada en muchas iglesias latinas de la Italia meridional, en la Magna Grecia, en el litoral véneto, en Aquileya y en la misma Roma. El rito había tenido, como ya refiere el itinerario de Antonino de Piacenza alrededor del 570, un origen palestinense. En el día de la Epifanía, el pueblo con el clero acostumbraba ir al Jordán, al lugar, indicado por un obelisco señalado con una cruz, donde Jesús había recibido el bautismo. Los fieles echaban en las aguas sagradas vasos llenos de bálsamo, y después el obispo administraba el bautismo a los catecúmenos. El formulario adoptado para esta función, en la mayor parte de las iglesias arriba indicadas, no tenía nada de común con el texto oficial de la iglesia bizantina; solamente imitaban el rito griego de sumergir en el agua la cruz. Wilmart, que ha publicado una antigua recensión (s.IX-X), en uso, según parece en una iglesia italiana, hace notar la característica epíclesis contenida en ella: *Tu Jordanis aquas sanctificasti hodie, e coelo mittens Spiritum tuum sanctum... Tu ergo, piissime Rex, adesto nunc per adventum sancti tui Spirítus et sanctifica aquam istam.* La bendición se terminaba con el   Te   Deum.

El agua de la Epifanía, como la de la vigilia pascual, era llevada a las casas de los fieles y estimada, dice un ritual antiguo, *tamquam thesaurus nobilissimus* (como nobilísimo tesoro)

Una octava de la Epifanía se celebraba ya en el siglo IV en Jerusalén. La Peregrinatio nos da amplios informes. El segundo o tercer día se decía la misa en la iglesia del Gólgota; el cuarto, *in Eleona* , la iglesia del monte de los Olivos; el quinto, *in Lazariu* , en Betania; el sexto, en la iglesia del monte Sión; el séptimo, en la Anástasis; el octavo, ad Crucem. Ac sic ergo per octo dies haec omnis iaetitia et is ornatus celebratur in ómnibus locis sanctis quos superius nominavi. En Belén se hacia lo mismo. En Occidente, la octava de la Epifanía no aparece en los libros litúrgicos antes del siglo VIII. En Roma, en cambio, debía de existir mucho antes un triduo estacional inmediato a la Epifanía, porque de estas tres ferias (segunda, tercera y cuarta) el leccionario de Wurzburgo nos ha transmitido las perícopas escritúrales, y es probable que entonces también formaban parte las evangélicas (bautismo de Jesús, bodas de Cana), actualmente distribuidas en la octava y en la dominica sucesiva. Según el XI Ordo (s.XII), los maitines de los días del octavario tenían en San Pedro solamente tres salmos y tres lecciones, mientras que, por lo que refiere el *Ordo Bernhardi card* ., en la basílica lateranense se repetía el oficio de la fiesta, pero iniciándolo con el invitatorio *Christus apparuit nobis* . El día de la octava, por evidentes influencias bizantinas, se quiso celebrar la conmemoración del bautismo de Cristo en el Jordán, que en las liturgias del Oriente tenía especial importancia. Se le dedicaba, en particular, el oficio nocturno, ya dejado, pero que en tiempo de Durando se recitaba en muchas iglesias. En Roma, en el siglo XII, el antifonario de San Pedro observa que en los maitines se repetía aquello de la Epifanía, pero todas las antífonas de las laudes son conmemorativas del misterio bautismal de Cristo; éstas estaban ya en uso en tiempo de Carlomagno. En la misa actualmente apenas se alude en las perícopas evangélicas, pero el leccionario de Murbach (s.VIII) indica en origen también una lección de Isaías (12:3-5) alusiva a las aguas milagrosas brotadas en el desierto. Las tres oraciones se encuentran en el Gelasiano, pero no como propias de la octava, que no conoce todavía, sino entre aquellas de recambio asignadas a la fiesta de la Epifanía.

Capítulo 12: La Cuaresma (I): las 3 semanas pre-cuaresmales

El gran misterio pascual, que forma el centro luminoso sobre el que gravita todo el año eclesiástico, comprende desde hace siglos una preparación ascético-litúrgica distinta compuesta por tres fases, cada una de las cuales señala una etapa ulterior hacia la Pascua.

La primera, en uso únicamente en el misal de 1962, abraza los tres domingos de Septuagésima, Sexagésima y Quincuagésima. La segunda va desde el principio de la Cuaresma hasta el Domingo de Ramos. La tercera comprende la Semana Santa.

1.-Las tres semanas pre-cuaresmales (Misal 1962)

Tanto en el uso litúrgico de la Iglesia romana como de la Iglesia griega, se suele anteponer a la Cuaresma un periodo de tres semanas, las cuales, en orden de tiempo llevan el apelativo de Septuagésima, Sexagésima y Quincuagésima. Este apelativo que remonta probablemente al periodo de su institución, puede parecer extraño cuando se percibe que no indica como parecería un 70º,

60º o 50º día sino la novena, octava y séptima semana antes de Pascua. La predilección de los medievales por las cifras redondas seguramente provocó esa denominación final.

El origen de estas tres semanas suplementarias no está muy claro, pero seguramente hay que buscarlo en la diversidad disciplinar de la antigüedad respecto al ayuno cuaresmal. Un escrito atribuido a San Ambrosio, pero que debe ser de algún obispo contemporáneo suyo habla de algunos que no se contentaban con ayunar 40 días, sino que por una miserable vanidad, anticipaban la Cuaresma una semana. Una costumbre muy extendida en la Italia septentrional, quizás por analogía a las costumbres monásticas orientales que la introdujeron y buscaron por ansia de mayor rigor penitencial. Como en la Iglesia ambrosiana los sábados no eran días penitenciales buscaban compensar esos seis sábados añadiendo una semana más. Como en algunos sitios tampoco el jueves no se ayunaba o se consideraba la Semana Santa fuera de la cuarentena penitencial, eran dos o tres las semanas añadidas para compensar: de aquí una sexagésima y una septuagésima. La introducción en Occidente no era uniforme. Primero fue una devoción privada o de alguna comunidad monástica, después una observancia particular de alguna provincia eclesiástica, finalmente un uso litúrgico oficial. Podemos incluso fechar las sucesivas etapas históricas de este desarrollo. Con el Papa Hilario, a finales del siglo V, comenzó el ayuno extendido a toda la semana de Quincuagésima. En Roma debió introducirse a inicios del siglo VI bajo el papa San Hormisdas.

La Sexagésima apareció un poco más tarde, primero para indicar un particular ayuno de los monjes, después de todos los fieles. La encontramos en la praxis litúrgica de la Italia meridional a mediados del siglo VI.

La Septuagésima fue la última en ser añadida al ciclo de los domingos precedentes, pocos años antes de San Gregorio, con la intención de completar la cifra simbólica de 70, que eran los años del cautiverio en Babilonia.

Como vemos, el desarrollo de este tiempo pre-cuaresmal aconteció especialmente en Italia, territorio más sensible a la influencia oriental. Sin embargo en las Iglesias de rito galicano nunca se aceptó esa observancia, al contrario, se prohibió tajantemente.

San Lorenzo Extramuros

Por el contrario en Roma, esas tres semanas pre-cuaresmales aunque no iban acompañadas de un ayuno preliminar si que estaban unidas a tres importantes estaciones. Septuagésima a San Lorenzo Extramuros, Sexagésima a San Pablo y Quincuagésima a San Pedro. La razón hay que buscarla en el periodo de institución, el siglo VI, ligado al peligro por las invasiones bárbaras, especialmente la de los longobardos que hicieron temer por Roma. En toda la liturgia de estos tres domingos resuena el grito de auxilio de la Iglesia Romana que implica una gran penuria y el deseo de restauración del culto, que vivía un profundo declive durante la guerra contra los godos. Los Papas (Pelagio I, Juan III…) para impetrar la ayuda del cielo quisieron celebrar aquellos tres domingos con una estación en las iglesias cementeriales de San Lorenzo, San Pablo y San Pedro, intituladas a los tres más ilustres patronos de la Ciudad Eterna. Pasado el peligro en los años sucesivos se mantuvo la estación.

Altar de San Pablo Extramuros

El hecho de que encontremos en la colección de homilías de San Gregorio Magno, las predicadas en tales días en la misa estacional, y además con las mismas perícopas evangélicas que aun ahora tenemos, hizo suponerle la autoría de su institución. Más bien fue un promotor de ellas entre el pueblo, que acudía solícito y en gran número a las estaciones.

Los textos escriturísticos de Septuagésima y Sexagésima no hacen referencia ni a la inminente Cuaresma ni a un contexto de peligros exteriores de la Iglesia, sino más bien parecen ser inspirados por el titular de la iglesia estacional (San Lorenzo, San Pablo…)

En Septuagésima, la figura del invicto mártir San Lorenzo, ecónomo de la Iglesia Romana, parece ser el reflejo del "atleta de la fe" del que nos habla la epístola, que a través del sufrimiento y la lucha gana la corona eterna, simbolizada en el talento que será dado como recompensa a los trabajadores de su mística viña. (Mat. 20,1-16)

En Sexagésima (estación en San Pablo) la epístola hace la apología y el elogio del gran apóstol de los gentiles, mientras en el evangelio (Luc 8,4-15) encontramos en la parábola del sembrador una referencia a su prodigiosa actividad apostólica.

Por el contrario las lecturas de Quincuagésima si que fueron escogidas en vistas a la inminente Cuaresma: el evangelio (Luc 18,31-43) presenta la predicación de Jesús en torno a su Pasión, y la curación del ciego de Jericó, símbolo de la humanidad, que siente la extrema necesidad de acercarse a Jesús para obtener la salvación.

Cofre para enterrar el aleluya usado por anglocatólicos

Una característica importante de este periodo pre-cuaresmal es la despedida del aleluya, que en el uso primitivo romano, se llevaba a cabo con el inicio de la Cuaresma, pero que con la introducción de este periodo preliminar se anticipó al sábado antes de Septuagésima, como parecía lógico. Septuagésima era como el inicio simbólico de los 70 años de cautividad de Babilonia cuando los hebreos dejaron de cantar cantos de alegría, correlativamente se abandona el canto de júbilo cristiano por excelencia que es el aleluya. En algunos lugares esa despedida del aleluya se celebraba con ceremonias un poco teatrales, cómicas y grotescas: las famosas *Depositio Allelujae*. Los *pueri cantores* después de Nona del sábado antes de Septuagésima hacían una especie de entierro de un pergamino con el aleluya colocado en un pequeño catafalco, y acompañados de cruz alzada, cirios e incienso, se dirigían ululando hacia el claustro donde lo enterraban.

Quizás lo más remarcable de este periodo es la apertura del ciclo de lecturas en el Oficio divino con el libro del Génesis, con la intención de formar a los catecúmenos e instruirlos en el conocimiento de la persona de Cristo, a través de las profecías y las figuras mesiánicas a partir de Moisés, como Jesús hizo con los discípulos de Emaús. El inicio del ciclo escriturístico en la más remota antigüedad empezaba con la Cuaresma pero introducido este periodo preliminar también el ciclo de lecturas se anticipó, presumiblemente bajo el pontificado de San Gregorio Magno.

En la reforma litúrgica de 1969 el *Consilium* creyó oportuno eliminar este periodo pre-cuaresmal para despejar la Cuaresma e individuarla mejor, eliminando añadidos. El misal de Pablo VI pues, omite estos tres domingos. Permanecen en la forma extraordinaria del rito romano (Misal 1962)

**Cristo con Moisés y Elías en la Transfiguración,
que centra el II domingo cuaresmal.**

A principios del siglo IV vemos aparecer en la Iglesia la observancia de un periodo sagrado de 40 días, llamado por esta razón *quadragesima (σαρακοστή)* , como preparación a la Pascua entendida en su concepto primitivo, es decir no como el aniversario de la resurrección de Cristo, sino como conmemoración de su inmolación en la Cruz para rescatar el mundo (viernes y sábado santo). El modelo sobre el que se fraguó, fue de una parte el ejemplo de Moisés y de Elías que después de un ayuno de 40 días fueron admitidos a la visión de Dios, y por otra la imitación del retiro de Cristo en el desierto y de su ayuno cuadragenario.

Tenemos el testimonio del canon 5 del concilio de Nicea (325), que recomienda a los obispos convocar dos sínodos anuales para la reconciliación de los excomulgados, el primero de los cuales antes de la "cuarentena". Y aunque algunos eruditos piensan que se refiere más bien a la cuarentena pascual (antes de la Ascensión), lo cierto es que contemporáneamente hablan de la Cuaresma tal como la entendemos hoy en día, Eusebio de Cesarea, San Atanasio, San Cirilo de Jerusalén, el Concilio de Laodicea y la *Peregrinatio* de Egeria. Todos ellos testimonios del siglo IV en la Iglesia de Oriente.

En Occidente hacen mención en términos explícitos los escritos de Prisciliano, Gregorio de Elvira, Egeria sobre Hispania y Aquitania, San Agustín sobre África y San Ambrosio sobre Milán. En cuanto a Roma, la carta *festalis* del año 341 de San Atanasio a Serapión de Thmuis, deja claro que era ya costumbre una observancia cuaresmal.

El Papa San León a mediados del siglo V habla de un periodo cuaresmal de 40 días de ayuno efectivo, sábados incluidos. Es posible que antes se diera una cuaresma de sólo tres semanas excluyendo los sábados. Lo más probable (y es tesis del Duchesne) es que la Cuaresma fuese de 40 días pero sólo con tres semanas de ayuno riguroso, intercaladas de otras tres de ayuno mitigado. Esas tres rigurosas semanas serían: la 1ª que es la de Témporas, la 4ª llamada mediana (desde *Laetare* hasta el sábado *Sitientes* posterior) y la Semana Santa que es la última. Nótese que estas tres semanas tienen características litúrgicas propias. La 1ª de témporas es una semana de antiquísimas estaciones litúrgicas en los más importantes santuarios de la Urbe, la *mediana,* después del anticipado júbilo del IV domingo en *Laetare* , prepara a conferir las Sagradas Órdenes durante el sábado Sitientes, y la Semana Santa con su particular ritmo litúrgico y su especialísima personalidad.

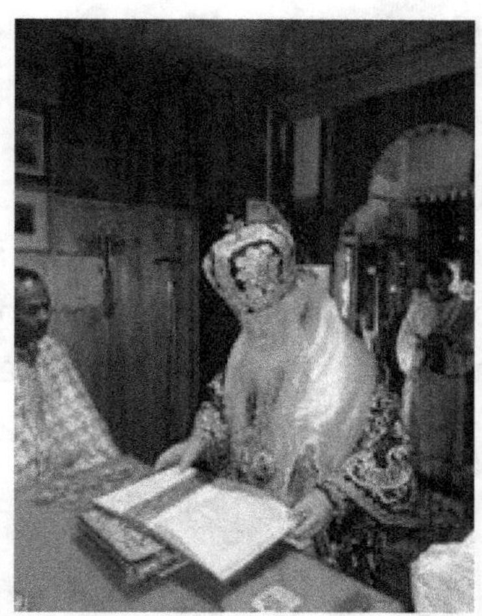

Exhortación al ayuno y la oración
en la Cuaresma Ortodoxa

No sabemos ni de mano de quien ni cómo ni cuando surgió la institución cuaresmal, pero es evidente que las exigencias crecientes de la preparación de los catecúmenos así como la disciplina penitencial, tuvieron un gran peso. Encontramos esbozados trazos ya desde la mitad del siglo II sobre la necesidad de un ayuno preparatorio a la Pascua, para algunos solo en Viernes y Sábado Santo, para otros toda la Semana, con diversidad en las varias regiones de Oriente u Occidente. De un ayuno cuaresmal para todo el periodo no encontramos huellas hasta el siglo IV. No se puede hablar pues de un origen apostólico de la Cuaresma, únicamente de la observancia de un pequeño periodo de ayuno o de dos o tres días (occidente) o de toda la Semana Santa (oriente).

La Cuaresma en el periodo patrístico era más bien una cuarentena penitencial que precedía la *Pascha crucifixionis* (la sola conmemoración anual de la Crucifixión y Muerte del Salvador). Fue a partir del siglo V que se constituyó el Triduo Sacro, como dice San Agustín *"Triduum sacratissimum crucifixi, sepulti, suscitati"*, o como sintéticamente denomina San León el *Paschale Sacramentum*. A partir de entonces el Triduo Pascual fue considerado una fiesta única que abrazaba la Muerte, la Sepultura y la Resurrección de Cristo. Fue en preparación a este *paschale mysterium* que se instituyó la Cuaresma, la cual debía concluir el Jueves Santo. De hecho si contamos 40 días desde ese jueves para atrás, llegamos al domingo I de Cuaresma, llamado *caput jujunii* (cabeza o inicio del ayuno).

Sta. Sabina, estación del miércoles de ceniza

Pero en la Cuaresma primitiva no únicamente era importante ese ejercicio corporal de penitencia que era el ayuno, como Moisés, Elías o Cristo. Y aunque era una de las notables características, sobretodo era un periodo de ascesis y mortificación, un tiempo sacro de vida cristiana más intensa mediante el cual los fieles pudiesen renovarse interiormente para resucitar con Cristo a una vida nueva. Los domingos pues, no estaban excluidos del tiempo cuaresmal, si bien en ellos y siguiendo una tradición apostólica, el rigor del ayuno se mitigaba. Pero estos conceptos a menudo se olvidaban. Se empezó a usar el término *Pascha* como sinónimo exclusivo del Domingo de Resurrección, de manera que el viernes y el sábado con su ayuno, fueron incorporados a la Cuaresma que así contaba con 42 días. Además con la mirada puesta únicamente en el ayuno, y como en los seis domingos no se ayunaba, la Cuaresma resultaba un periodo de 36 días. Y por mucho que se quisiera dar una explicación alegórica de esa cifra (36= decima parte del año, diezmo de ayuno ofrecido a Dios), lo cierto es que tanto una cuarentena de 42 o una de 36 resultaba ilógica y antitética.

De ahí el hecho que hacia la mitad del siglo V vemos delinearse una breve preparación a la Cuaresma de 4 días más (desde el miércoles hasta el sábado incluido) con el miércoles y el viernes de pleno ayuno, con estación propia, aunque aún no considerado tiempo cuaresmal propiamente.

Los otros dos días de esa semana no tuvieron liturgia propia hasta que en tiempos de Gregorio II (+731) se dotase

de misa propia el jueves y en el siglo VIII se hiciese lo mismo con el sábado. Es en esta época que encontramos completado litúrgicamente el periodo de cuatro días que desde el miércoles de ceniza *(feria IV in cinerum)* ahora *caput jejunii,* se inicia el ciclo cuaresmal: el Sacramental Gelasiano del siglo VIII es el primer testimonio. Sin embargo esos cuatro días adicionales no fueron aceptados inmediatamente por todas partes. No los aceptó la liturgia hispánica ni la ambrosiana. Esta última comienza la Cuaresma con el domingo, y el ayuno el lunes posterior. De la antigua dignidad del Domingo I de Cuaresma como *caput jejunii* encontramos huellas en la oración *secreta* (sobre las ofrendas) de esa misa que habla de "el inicio del sacrificio cuaresmal" *(sacrificium quadragesimalis initii)* y en algunas particularidades del Oficio Divino.

Capítulo 14: las vicisitudes del ayuno cuaresmal

El ayuno siempre fue considerado como la práctica característica de la Cuaresma, de tal manera que casi todas las fórmulas litúrgicas de este sagrado tiempo la mencionan elogiándola y recomendándola, de ahí el sentido de este capítulo de hoy.

El ayuno sustancialmente consistía en una única comida vespertina, después de vísperas o de la celebración eucarística según los días o costumbres locales. El hecho de que fuese una única comida al día no bastaba para definir el ayuno cristiano: la ingesta tenía que ser diferida al atardecer.

San Paulino de Nola, narrando a un amigo lo acontecido con un eclesiástico que le visitó, le refiere que éste, llegado a su casa un día de Cuaresma, aceptó gustoso compartir con él la austera cena que le había sido preparada *(Quotidiana jejunia non refugit, et pauperum mensulam vespertinus conviva non horruit)*

S. Paulino de Nola

San Agustín dice que era de regla ordinaria el abstenerse de ingerir comida hasta la puesta de sol, y el histórico Sócrates añade que violaban el ayuno los que comían a la hora de nona (3 de la tarde hora solar). Sin embargo subraya que no en todo lugar se observaba tal rigor, pues parece ser que en oriente era uso común romper el ayuno a nona. Sin embargo es cierto que había una notable diferencia entre el ayuno de los miércoles y viernes y el de los días de Cuaresma. El primero, el semanal de los  miércoles y viernes de todo el año salvo en la Cincuentena Pascual, era llamado semi-ayuno o ayuno semipleno y permitía la cena después de nona; el segundo llamado ayuno pleno, abrazaba toda la jornada y finalizaba a la hora de vísperas, que en los meses de febrero y marzo era entre 5.30 y 6.30 hora solar.

La regla de retrasar el ayuno cuaresmal hasta el atardecer fue generalmente inculcada y observada en la Iglesia Latina hasta el siglo XI. Teodolfo de Orleans (+821) condenaba duramente a los que se ponían a comer apenas sonaba la campana de nona, sin esperar a que acabase la misa que se celebraba a esa hora. Carlomagno hacía celebrar la misa y cantar vísperas una hora antes de nona, para poder comer acto seguido con sus cortesanos sin retrasar más el ágape. Sin embargo Raterio de Verona (+974), exhorta expresamente a sus fieles a romper el ayuno en nona y denigra a los que esperan una hora más para después comer con una mayor avidez.

San Bernardo (+1153) aún lo exhortaba a sus monjes, aunque ya en esa época notamos la tendencia de anticipar la refección. El *Decretum Gratiani,* de mediados del siglo XII, aunque corrobora la disciplina tradicional, constata que muchos no la observan ya. *(Solent plures, qui se jejunare putant in quadragesima, ad horam nonam comedere)*

Altos representantes de la escolástica, como Alejandro de Alés o Santo Tomás de Aquino, adherían sin reservas al cambio operado, esgrimiendo razones de congruencia como la de imitar el misterio de la pasión de Cristo que acabada la hora de nona entregó el espíritu, y de esa manera los que ayunan, mortificándose, se conforman a la Pasión de Cristo.

Pero resulta evidente que la anticipación, una vez comenzada, no iba a detenerse en la hora de nona. Pronto, casi imperceptiblemente debido a la relajación de las costumbres como por la practicidad de la disciplina, se anticipó a la hora de sexta, que era la hora habitual de la comida diaria.

A ello contribuyó la circunstancia de que las horas medievales no tenían la fijeza de las nuestras: indicaban más bien un periodo que un tiempo preciso, razón por la cual, admitido que se pudiese romper el ayuno en nona, ya que esta comprendía el espacio de tiempo entre las 12 y las 3, se podía comer después de mediodía, una vez pasada sexta.

Buñuelos de Cuaresma (electuaria) *y* Potaje cuaresmal de garbanzos y verduras

Esta es la razón por la que en los siglos XIII y XIV se consolida el uso de anticipar la comida cuaresmal a mediodía, y por consiguiente anticipar tanto la Misa como las vísperas que por tradición la precedían. Durando de San Porciano (+1332) afirmaba que tal era la práctica del Papa, de los cardenales y de los religiosos en su época. En el siglo XV el almuerzo cuaresmal a esa hora era un uso generalizado y autorizado sin contestación por los obispos. Quedó como un resto de aquella antiquísima disciplina aquella rúbrica que permaneció durante siglos, y que nos puede resultar extraña, que prescribía recitar vísperas en las ferias de Cuaresma, antes de mediodía.

Sería de ilusos pensar que iniciado el camino de las concesiones se pueda detener fácilmente. Almorzando a mediodía, si se quería observar estrictamente el ayuno, era necesario esperar al mediodía sucesivo para poder de nuevo ingerir alimentos. La espera era demasiado larga, por lo cual fue permitido el uso de beber algo al atardecer para apagar la sed. Este uso se introdujo en los monasterios y fue aprobado por el Concilio de Aquisgrán en el año 817. Más tarde Santo Tomás de Aquino justifica a aquellos que a la bebida unían los llamados *electuaria,* pastitas a base de azúcar y miel, sin tener conciencia de romper el ayuno. Este era el uso monástico. El nombre "electuaria" deriva de lección o conferencia, derivado de "cum-lectio" – *conlatio* porque después de esa pequeña merienda se leían las famosas conferencias espirituales de Casiano. El alimento espiritual ha dado el propio nombre al elemento material del cuerpo. De allí el de colación. En el siglo XVI se introdujo otra novedad del mismo género. Ya que el líquido no rompe el ayuno, se empezó a beber por la mañana un poco de vino, café o chocolate disuelto en agua. Y de la misma manera que los *electuaria* tomados en pequeñas cantidades eran admitidos, se permitió un poquito de mermelada o compota uniendo a ella una exigua cantidad de pan. De aquí el nombre de *"prima colazione"* que tiene el desayuno en italiano.

Dieta xerófaga

La praxis primitiva del ayuno imponía la xerofagia, régimen a base de alimentos secos excluyendo carnes, vino, caldos y frutas jugosas. San Paulino de Nola en su comida cuaresmal usaba sólo verduras, pan de centeno, legumbres cocidas con poco aceite y sobriamente un poco de vino. Más tarde la disciplina alimenticia se mitigó consintiéndose la leche, el queso, los huevos y el pescado. En Alemania además utilizaban mantequilla.

Acerca de los lacticinios prevaleció posteriormente una praxis más severa y restrictiva que llevó a prohibirlos del uso cuaresmal en muchos países. Sin embargo la Iglesia concedió dispensas, primero personales, después generales, hasta que su exclusión quedó reducida al miércoles de ceniza y al Viernes Santo.

La Iglesia que es dueña de su propia disciplina ha sabido acomodar sus preceptos a las necesidades de las almas. Si el rigor convenía en los tiempos antiguos, los tiempos nuevos reclamaban mayor tolerancia e indulgencia. La flaqueza de los temperamentos y el peso del trabajo que exige la lucha por la vida hablan en favor de una mitigación de las austeridades cuaresmales.

El régimen penitencial actual de la Iglesia está regido por la Constitución Apostólica <u>Paenitémini</u> promulgada por Pablo VI en 1966.

Capítulo 15: las estaciones cuaresmales romanas

San Lorenzo in Panisperna

La importancia dada a la Cuaresma por la Iglesia tuvo en Roma un especial relieve en el solemne Oficio Estacional, celebrado cada uno de los días de la Cuaresma. El conjunto constituye una de las más bellas creaciones de la liturgia latina, y su recuerdo fue conservado en el Misal Romano hasta la edición de 1970, en la cabecera de cada una de las Misas de este tiempo.

El término *statio* entre los romanos significaba puesto de guardia o montar la guardia, pero en el lenguaje eclesiástico del siglo II fue adoptado para los días en los que el cristiano espiritualmente *montaba la guardia* , es decir celebraba las dos ferias semanales del miércoles y del viernes, en las cuales de manera voluntaria se practicaba un semi-ayuno y se asistía a un servicio litúrgico (eucaristía, laudes, vísperas,…) Es fácil pues comprender como después el vocablo adquiriera el significado de reunión litúrgica. En este sentido lo encontramos usado corrientemente en África a mediados del siglo III y en Roma a finales del siglo IV San Cipriano llama estación a la asamblea tenida por los fieles de Cartago con el obispo a la cabeza y el clero, en la que escucharon el reporte de los delegados del antipapa Novaciano. Un escrito anónimo, anexo a una súplica dirigida por dos sacerdotes en el 384 al emperador Valentiniano, refiere que el pseudo-obispo Félix que había regresado a Roma después de haber sido expulsado, había celebrado una estación con sus partidarios en el basílica de Santa María in Trastevere.

La *Statio* por este motivo se convirtió en sinónimo del servicio litúrgico oficial que el Papa, que no tenía iglesia propia, celebraba en una u otra de las basílicas romanas y en las diversas iglesias cementeriales, a causa del auge del culto martirial desde finales del siglo III, donde se festejaba el aniversario.

Estación en Santa Cecilia al Trastevere (mierc. II Q.)

En un primer momento la elección de la basílica quedaba al arbitrio del Papa, pero pronto fue regulada según un orden fijo más estable, y explicitada en los libros litúrgicos. El origen pues hay que buscarlo en aquella unicidad del sacrificio, celebrado por el obispo y al que asistía toda la comunidad, que fue regla absoluta en la Iglesia de los primeros tiempos. Era natural que posteriormente, al aumentar el número de fieles y multiplicarse los edificios de culto (*Títulos*), el obispo debiera distribuir la celebración de su Misa entre las varias iglesias, que permaneció única solo de manera virtual, pues era la sola a conservar el carácter oficial. En Roma de hecho la estación papal era, si no el único servicio, sí el servicio oficial del día. Los sacerdotes de los diversos *títulos* estaban obligados a participar, y después volvían a sus respectivas iglesias a celebrar la misa para aquellos fieles que no habían podido participar a la estación. Pero como símbolo de unidad y de comunión, cada sacerdote recibía el *fermentum* (a semejanza del recentadero o bola de masa de pan fermentada en el amase anterior y que sirve como fermento de la nueva masa al hacer pan) una partícula de pan consagrado por el Papa que ellos añadían a las partículas consagradas en sus iglesias o en el cáliz (es el origen de la partícula del Agnus Dei).

El sistema estacional no era una exclusividad romana: estaba muy extendido. Tenemos testimonios en Antioquia y Jerusalén ya en el siglo IV. Egeria en el 390 recuerda que el pueblo se reunía en determinados días con su obispo y el clero para celebrar en las diversas iglesias de la Ciudad (la del *Martyrium,* la de la Resurrección, la de Sión , la del Eleona, la gruta del Monte de los Olivos donde enseñaba el Señor, etc...) y allí se celebraban los santos misterios. En Oxirinco (Egipto) un papiro del 535 nos ha dejado escrito el turno de las iglesias en las que el obispo debía intervenir en determinadas fiestas y domingos para celebrar el solemne oficio litúrgico. En Occidente tenemos trazos del sistema estacional en Ravenna, Lieja, Vercelli, Estrasburgo, Maguncia,

Colonia, Paris, Tours y otras ciudades. En Metz su obispo Crodegando (+766) lo había prescrito para la Cuaresma, en plena conformidad con el de Roma.

En cuanto a la procesión *(letania)* que en Roma solía preceder a la función estacional, porque el pueblo se congregaba en una iglesia determinada *(ad collectam)* designada precedentemente y desde donde se partía hacia la iglesia estacional, podemos creer que fuese una imitación de aquellos cortejos fastuosos, practicados en Roma en las fiestas paganas y que tanto gustaban al pueblo. La Iglesia los cristianizó dotándolos de sus cruces y estandartes procesionales, con sus antífonas *in via (por el camino)* dándoles una impronta estrictamente cristiana. Hay que advertir que la procesión no tenia lugar todos los días de Cuaresma en los que había estación, si no únicamente los lunes, miércoles y viernes (y en tiempos de Carlomagno, los sábados). Lo tenemos consignado en el I Ordo Romano que detalla además que en dichos días había que omitir el *Kyrie* en la Misa porque ya se había cantado en la letanía.

No sabemos con exactitud quien ideó el sistema estacional romano para la Cuaresma, organizándolo de la manera ejemplar que se presenta en los siglos VII-VIII, y mantenido sucesivamente. Los indicios de los liturgistas más prestigiosos parecen confirmar un proceso de formación avenido en tres etapas sucesivas, que constituyen otras tantas fases progresivas en la organización de la Cuaresma.

- A este periodo pertenecen las estaciones más antiguas y solemnes, pocas numéricamente pero importantes, que comprenden los domingos y las grandes ferias de las tres semanas fundamentales, es decir los miércoles, viernes y sábados de las Témporas, los domingos de los tres antiguos escrutinios bautismales (III-IV y V) y el Triduo Pascual.

Estas estaciones existían ya a finales del siglo IV y eran celebradas en las basílicas más grandes y más veneradas de la Urbe (Letrán, San Pedro, San Paolo, Santa María Mayor, San Lorenzo, la Santa Cruz…)

- A este segundo periodo pertenecen 22 estaciones de la mayor parte de las ferias cuaresmales, excluidos los jueves, las cuales fueron distribuidas, sin saber mucho con qué criterio, por entre los 25 títulos parroquiales de la Ciudad y algunas iglesias secundarias, excluidas las iglesias cementeriales de los mártires. A las estaciones cuaresmales se les añadió el miércoles y el viernes antes del primer domingo de Cuaresma, por su cercanía a la Cuaresma o para favorecer un mayor número de iglesias. La organización de este segundo grupo hay que atribuirla a San Hilario (461-468), pero es posible que la mano de San Gregorio (+604) haya aportado alguna variación.

- En el tercer grupo hay que contar las misas estacionales de los jueves cuaresmales, instituidas por el papa Gregorio II (+731), dotándolas de textos sacados de misas vigiliares. Hay que considerar de este último grupo, las dos misas introducidas en el siglo IX: la del II domingo y la del sábado antes de Ramos.

El servicio litúrgico estacional, siguiendo la descripción que nos hace el I Ordo Romano, contemporáneo de San Gregorio, acontecía de la siguiente manera: A la hora indicada, normalmente a nona (15h), todo el pueblo con el clero de su distrito, se reunía en una iglesia designada a este menester como punto de encuentro (collecta), el Papa se dirigía allí con el clero palatino. Cuando todos estaban a punto, antes de partir, él rezaba una oración *(oratio ad collectam),* acto seguido la masa de los fieles, precedida de la Cruz estacional, y seguida por el Pontífice y de los clérigos revestidos para el sacrificio, con el canto de salmos, antífonas y letanía de los santos, se dirigía hacia la iglesia de la estación.

Acólitos llevaban los vasos sagrados de plata para la solemne liturgia. Aquí el Papa celebraba la Misa, mientras los presbíteros titulares concelebraban con él, y comulgaba todo el clero y los fieles, concluyendo así, al atardecer, el ayuno del día. Después de la comunión, el archidiácono anunciaba a los fieles cuando tendría lugar la próxima asamblea estacional: *"Feria...veniente, collecta in basilica sancti..., statio in basilica sancti..."* A lo que todos contestaban *Deo gratias*.

Juan el Diácono, en la vida de San Gregorio, describe con admiración las larguísimas colas de fieles de toda edad, sexo, profesión, que de todos los rincones de Roma se dirigían hacia la basílica asignada, siguiendo voluntariosamente al Romano Pontífice. San Gregorio hace mención muchas veces en sus homilías del fervor de estos encuentros. Era el Papa el que presidía las funciones estacionales. Cuando no podía intervenir, un acólito que en su nombre era enviado, le traía un algodón empapado con el aceite de las lámparas de la Basílica en cuestión, diciéndole: *"Hodie fuit statio ad sanctam Sabinam, quae salutat te"*. (La estación que hoy tuvo lugar en santa Sabina te saluda) El Pontífice respondía con el *Deo gratias* y besando el taco de algodón, lo entregaba al Cubiculario (secretario) que lo reservaba para rellenar su almohada fúnebre.

Basilica SS. Silvestre y Martin ai Monti (*Titulus Equitii*) Estación del jueves de la IV s.

Las estaciones cuaresmales estuvieron en vigor en Roma, con algunas vicisitudes, al menos hasta el exilio de Aviñón. Después de esta época, los cismas y las luchas entre facciones, evitaron que los Papas tomaran parte personalmente, reduciendo la mayor parte de las fiestas a una conmemoración más o menos solemne hecha en la Capilla Papal.

Para mejor entender los textos de la liturgia cuaresmal es muy oportuno tener en la mirada el prospecto de las estaciones cuaresmales, según los datos más antiguos del más antiguo leccionario romano, el Comes de Würzburg, del siglo VI-VII.

PERIODO CUARESMAL - IGLESIAS ESTACIONALES

Miércoles de Ceniza S. Sabina, en el Aventino
Jueves S. Jorge in Velabro
Viernes S. Juan y S. Pablo, en el Celio
Sábado S. Agustín, en Campo Marzio
Domingo I de Cuaresma S. Juan de Letrán
Lunes S. Pedro "in Vincoli", "in Colle Oppio"

Martes S. Anastasia (S. Teodoro), en el Palatino
Miércoles S. María la Mayor
Jueves S. Lorenzo, "in Panisperna"
Viernes Ss. XII Apóstoles, en el Foro de Trajano
Sábado S. Pedro en el Vaticano
Domingo II de Cuaresma S. Maria "in Domenica alla Navicella"
Lunes S. Clemente, junto al Coliseo
Martes S. Balbina, en el Aventino
Miércoles S. Cecilia, en Trastévere
Jueves S. María, en Trastévere
Viernes S. Vital "in Fovea" (Via Nazionale)
Sábado: SS Marcelino y Pedro, en Letrán (Via Merulana)
Domingo III de Cuaresma S. Lorenzo Extramuros
Lunes S. Marcos, en el Capitolio
Martes S. Pudenziana "al Viminale"
Miércoles S. Sixto (SS. Nereo y Aquiles)
Jueves Ss. Cosme y Damián in Via Sacra (Foros Imperiales)
Viernes S. Lorenzo in Lucina
Sábado S. Susanna alle Terme di Diocleziano
Domingo IV de Cuaresma S. Cruz de Jerusalén
Lunes Ss. Quattro Coronati al Celio
Martes S. Lorenzo "in Damaso"
Miércoles S. Pablo extramuros
Jueves Ss. Silvestre y Martín "ai Monti"
Viernes S. Eusebio all'Esquilino
Sábado S. Nicolás "in Carcere"
Domingo V de Cuaresma S. Pedro en el Vaticano
Lunes S. Crisogono in Trastevere
Martes S. Ciriaco (S. Maria in via Lata al Corso)
Miércoles S. Marcello al Corso

Jueves S. Apollinare "in Campo Marzio"
Viernes S. Stefano al Celio
Sábado S. Juan en Porta Latina

SEMANA SANTA - IGLESIAS ESTACIONALES

Domingo de Ramos S. Juan de Letrán
Lunes S. Práxedes all'Esquilino
Martes S. Prisca all'Aventino
Miércoles S. María la Mayor
Jueves S. Juan de Letrán
Viernes S. Cruz de Jerusalén
Sábado S. Juan de Letrán
Domingo de Pascua S. María la Mayor

PERIODO PASCUAL - IGLESIAS ESTACIONALES

Lunes S. Pedro en el Vaticano
Martes S. Pablo Extramuros
Miércoles S. Lorenzo Extramuros
Jueves Ss. XII Apóstoles, en el Foro de Trajano
Viernes S. María ad Martyres, en Campo Marzio (Panteón)
Sábado S. Juan de Letrán
Domingo II de Pascua (in Albis) S. Pancrazio

Santa Pudenziana al Viminal (martes III semana)

Las estaciones cuaresmales fueron reintroducidas en Roma con mucho fervor en el siglo XX, debido al impulso que les otorgó el Abad de San Pablo Extramuros Dom Ildefonso Schuster, más tarde Cardenal Arzobispo de Milán, y que había explicado en su Liber Sacramentorum. Fueron continuadas por Mons. Carlo Respighi, sacerdote del Collegium Cultorum Martyrum. Contribuyeron también en gran medida el Abad Placido Lugano de Sta. Francisca Romana y el escritor Lamberto de Camillis con trabajos e ilustraciones históricas y devocionales de gran valor. En los últimos años el Vicariado de Roma ha emanado "propuestas" para su recuperación. Este es el horario y el recorrido estacional del año 2012:

<h1 style="text-align:center"><u>CHIESE STAZIONALI</u></h1>

22	Febbraio	Mercoledì delle Ceneri	S. Sabina all'Aventino (ore 16,30)
23	"	Giovedì	S. Giorgio al Velabro (ore 17,00)
24	"	Venerdì	Ss. Giovanni e Paolo al Celio (ore 17,00)
25	"	Sabato	S. Agostino (S. Trifone) in Campo Marzio (ore 18,30)
26	"	Domenica I di Quaresima	S. Giovanni in Laterano (ore 16,45)
27	"	Lunedì	S. Pietro in Vincoli al Colle Oppio (ore 17,00)
28	"	Martedì	S. Anastasia al Palatino (ore 18,00)
29	"	Mercoledì	S. Maria Maggiore (ore 17,30)
1	Marzo	Giovedì	S. Lorenzo in Panisperna (ore 17,00)
2	"	Venerdì	Ss. XII Apostoli al Foro Traiano (ore 18,30)
3	"	Sabato	S. Pietro in Vaticano (ore 17,30)
4	"	Domenica II di Quaresima	S. Maria in Domnica alla Navicella (ore 19,00)
5	"	Lunedì	S. Clemente presso il Colosseo (ore 18,00)
6	"	Martedì	S. Balbina all'Aventino (ore 17,00)
7	"	Mercoledì	S. Cecilia in Trastevere (ore 17,30)
8	"	Giovedì	S. Maria in Trastevere (ore 17,30)
9	"	Venerdì	S. Vitale in Fovea (ore 17,00)
10	"	Sabato	Ss. Marcellino e Pietro al Laterano (ore 18,00)
11	"	Domenica III di Quaresima	S. Lorenzo f.l.m. (ore 18,00)
12	"	Lunedì	S. Marco al Campidoglio (ore 19,30)
13	"	Martedì	S. Pudenziana al Viminale (ore 17,00)
14	"	Mercoledì	S. Sisto II alla via Appia (ore 17,00)
15	"	Giovedì	Ss. Cosma e Damiano in via Sacra (ore 17,30)
16	"	Venerdì	S. Lorenzo in Lucina (ore 18,00)
17	"	Sabato	S. Susanna alle Terme di Diocleziano (ore 17,00)
18	"	Domenica IV di Quaresima	S. Croce in Gerusalemme (ore 18,30)
19	"	Lunedì	Ss. Quattro Coronati al Celio (ore 17,00)
20	"	Martedì	S. Lorenzo in Damaso (ore 18,00)
21	"	Mercoledì	S. Paolo f.l.m. (ore 17,30)
22	"	Giovedì	Ss. Silvestro e Martino ai Monti (ore 18,00)
23	"	Venerdì	S. Eusebio all'Esquilino (ore 18,00)
24	"	Sabato	S. Nicola in Carcere (ore 17,00)
25	"	Domenica V di Quaresima	S. Pietro in Vaticano (ore 17,30)
26	Marzo	Lunedì	S. Crisogono in Trastevere (ore 17,00)
27	"	Martedì	S. Maria in via Lata (ore 17,30)
28	"	Mercoledì	S. Marcello al Corso (ore 18,00)

29	"	Giovedi	S. Apollinare alle Terme Ner. – Ales. (ore 17,00)
30	"	Venerdi	S. Stefano al Celio (ore 17,00)
31	"	Sabato	S. Giovanni a Porta Latina (ore 17,00)
1	Aprile	Domenica **delle Palme**	S. Giovanni in Laterano (ore 16,45)

SETTIMANA SANTA

2	"	Lunedi	S. **Prassede** all'Esquilino (ore 18,00)
3	"	Martedi	S. **Prisca** all'Aventino (ore 18,00)
4	"	Mercoledi	S. **Maria Maggiore** (ore 17,30)
5	"	Giovedi **in Cena Domini**	S. **Giovanni** in Laterano (ore 17,00)
6	"	Venerdi **in Passione Domini**	S. **Croce** in Gerusalemme (ore 15,00)
7	"	Sabato	S. **Giovanni** in Laterano (ore 9,30)
8	"	Domenica **di Pasqua**	S. **Maria Maggiore** (ore 18,00)

STAZIONI PASQUALI

9	"	Lunedi	S. **Pietro** in Vaticano (ore 17,00)
10	"	Martedi	S. **Paolo** f.l.m. (ore 17,30)
11	"	Mercoledi	S. **Lorenzo** f.l.m. (ore 18,00)
12	"	Giovedi	Ss. **XII Apostoli** al Foro Traiano (ore 18,30)
13	"	Venerdi	S. **Maria ad Martyres** al Pantheon (ore 17,00)
14	"	Sabato	S. **Giovanni** in Laterano (ore16,45)
15	"	Domenica **II di Pasqua**	S. **Pancrazio** (ore 16,00)

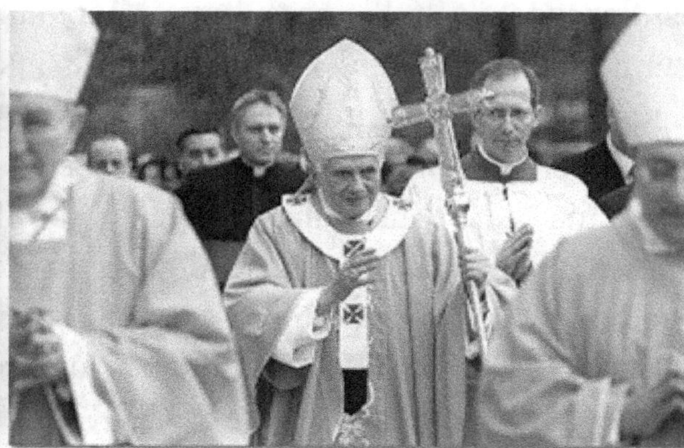

LA SEMANA MEDIANA

Después de la Semana Santa, la semana más importante de la Cuaresma es aquella que en los más antiguos documentos es llamada mediana. Ponemos de relieve las principales características:

a) El domingo Laetare y la Rosa Áurea

En medio del arduo camino penitencial, este IV domingo, llamado por el introito de la misa Domingo Laetare o dominica in medio Quadragesimae porque marca la mitad del periodo cuaresmal, aporta una nota de santa alegría y desbordante serenidad. El altar se viste de rosa y se perfuma con flores, suena de nuevo el órgano y los ministros retoman las dalmáticas de gozo (jucunditatis). La estación de ese domingo, entre las más antiguas de la Cuaresma, es en la basílica de Santa Cruz, llamada comúnmente "en Jerusalén", imagen de la Iglesia, que se alegra por el cortejo de catecúmenos, que se prepararan para convertirse en hijos de Dios.

Es dentro de este maravilloso marco, que refleja un carácter de gozo al servicio de todos los oficios del día, y que en el pasado iba acompañado de bulliciosas fiestas populares en la calle, que la liturgia papal, después del siglo X, ha insertado una ceremonia singular: la bendición de la Rosa de Oro (Áurea). No se conocen bien los orígenes. Parece ser que en Bizancio en el III Domingo de Cuaresma se celebrase una fiesta en honor del Madero de la Cruz, a quien se llevaban ofrendas florales. En Roma se quiso imitar el ejemplo y en este domingo el Papa se dirigía a la basílica estacional de la Santa Cruz, portando una rosa de oro, perfumada con almizcle en señal de la Pasión y Resurrección de N.S.J.C. con lo que quería rendir a la insigne reliquia allí conservada el mismo obsequio que la Magdalena había tributado a los pies del Salvador en la cena de Betania.

Rosa Aurea

El Papa León IX, en el primer documento conocido con referencia a la Rosa Áurea (1049), dice expresamente que es ofrecida en homenaje a la Cruz. El símbolo de la rosa ciertamente no tuvo su origen en él, porque cuando el Papa lo menciona era ya una costumbre consolidada. En un principio tuvo forma de vaso o cáliz, poco a poco fue estilizándose para quedar reducido a un ramo de rosas abierto, dentro del cual se colocaba el precioso aroma.

La Rosa de Oro venía cada año de Alsacia. La mencionada bula de León IX del 1049, dirigida al monasterio de Santa Cruz en Bamberg en la Alta Baviera a la par que colocaba el susodicho monasterio bajo la inmediata jurisdicción de la Santa Sede, exentándolo de cualquier otro tributo, le imponía la obligación de mandar cada año al Papa una rosa de oro o el metal equivalente, para que el Romano Pontífice pudiese servirse en la procesión estacional a Santa Cruz. Más tarde el rito se desarrolló: la rosa fue bendecida, ungida con el crisma y ofrecida en don a alguna insigne personalidad, romana o foránea, a ciudades o iglesias particularmente beneméritas. El primer ejemplo remonta a Urbano II, que en el año 1096 manda la Rosa Áurea a Fulco V de Anjou, el Joven, por su contribución a la Primera Cruzada.

En el siglo XII era costumbre que el Papa, al llegar con la Rosa a Santa Cruz de Jerusalén, la mostrase al pueblo explicando brevemente el significado místico de sus atributos (de flore et rubore rosae, et odore) (de la flor, del color rosa y del aroma…)

**Nupcias de Fulco de Anjou
con Melisenda de Jerusalén**

Inocencio III en un sermón para esta ocasión resume así: "el color rosa representa la caridad, el gozo es simbolizado por el aroma, la saciedad por el sabor, ya que la rosa es entre las flores la que por su color más gusta, por su olor más atrae y por su sabor la que más reconforta"

b) La fiesta Mediante

La perícopa evangélica Jam die festo mediante de la misa del martes de esta semana tiene una peculiar historia. Los orientales desde el siglo V, celebraban con alegría el 25º día que divide exactamente por la mitad la Cincuentena Pascual, deseando festejar a Cristo Mediador de los hombres. La solemnidad pasó pronto de Oriente a las Iglesias de la Italia Septentrional (Milán, Ravenna, Aquileya..) pero junto a ella fue asociada otra análoga, la de mitad de Cuaresma, que sugerida a partir de la misma perícopa entretanto había surgido también en Oriente. Y fue finalmente esta última la que sobrevivió a la otra, ya que ofrecía una atenuación al áspero camino cuaresmal, consolidándose muy fuertemente en la liturgia hispánica. Es muy posible que fuese por obra de San Hilario (+468) que la celebración de la mitad de la Cuaresma con el evangelio Mediante (Jn 7,14) entrase en la liturgia romana. La misa romana de este día nos presenta, como en un maravilloso díptico, el arquetipo y el tipo, la figura y la realidad de nuestra redención en una concordia entre el Antiguo y el Nuevo Testamento que esboza los grandes conceptos de la catequesis bautismal: Moisés es presentado, con su osada pero confiada plegaria de intercesión, ante la ira de Jahvé que irritado amenaza con exterminar al pueblo prevaricador, como el Mediador de la Antigua Alianza (Ex. 32,7-14). En el evangelio, Cristo que en medio de la fiesta de los Tabernáculos dirige su palabra en el Templo a los judíos, se presenta como Mediador de la Nueva Ley.

c) Los dos grandes escrutinios bautismales

**Imposición del pequeño Signo de la Cruz
(en la frente) en los escrutinios**

En la liturgia primitiva este domingo estaba destinado para realizar el segundo escrutinio de los catecúmenos, transferido después con la misa pertinente al miércoles sucesivo. En la misa de la antevigilia, el lunes, el diácono antes de la comunión promulgaba la convocatoria. El grupo de catecúmenos que participaba aquel día de la liturgia estacional tenía por meta la Basílica de San Pablo Extramuros. La misa en sus varios textos y con las dos lecturas proféticas (y no sólo una como de costumbre) está toda ella impregnada de carácter bautismal. Después de la colecta los catecúmenos eran declarados oficialmente "electi" (elegidos) y recibían los ritos preliminares al bautismo (insuflación, imposición de la señal de la cruz, de la sal y los exorcismos). La perícopa evangélica era la del ciego de nacimiento.

San Nicolás in Cárcere

El oficio estacional del sábado in mediana, llamado después Sitientes (¡Sedientos, venid a las aguas!) era en San Lorenzo Extramuros y revestía una importancia litúrgica aún mayor porque se celebraba el escrutinio más importante, el llamado in aperitione aurium (de la apertura de los oídos). Leída la segunda lectura y cantado su gradual, el Pontífice revelaba y desvelaba oficialmente a los elegidos los cuatro Evangelios, el Credo y el Padrenuestro, así los oídos de los catecúmenos, hasta ese momento sordos a las palabras de verdad, se abrían por vez primera a escuchar las palabras de vida eterna. Así sucedía al menos hasta el siglo XI, aunque dos siglos antes ya fue amputada la segunda lectura profética y transferida la estación a San Nicolás in Cárcere. Al final no quedó otro trazo de la antigua misa que el introito Sitientes, aunque aún quedan en la liturgia de este sábado destellos de la alegría de la Iglesia que veía incrementado el número de sus hijos entre sus filas y se regocijaba por ello.

SEMANA DE PASIÓN (V DE CUARESMA)

El quinto domingo de la Cuaresma es llamado I de Pasión y con él empieza el tiempo así denominado que incluye la Semana Santa. Así llamaban a estas dos semanas los libros litúrgicos carolingios porque la liturgia pone en escena la persecución y conjura tramada por los enemigos de Cristo, con tono especialmente dramático. En las figuras de David y Jeremías perseguidos, la liturgia evoca a un mismo tiempo los sentimientos de amargura y de profunda confianza en Dios que descubrimos en la persona de Cristo, el Justo, el Inocente, que el odio de los hombres ha dejado sin defensor pero que no se cansa de dirigirse a Dios Padre rogando no le abandone en el día de la prueba.

Pero en su concepción primitiva y en su redacción litúrgica, esta semana no difería de la precedente, sino que más bien enlazaba con ella ya que en el Oficio Vigiliar del sábado al domingo tenía lugar la colación de las Sagradas Órdenes que acababa con la misa del día. Por otra parte los documentos romanos más antiguos reservan el apelativo in passione para el domingo de Ramos. Así lo recogen el Gelasiano, el Ordo Sancti Petri más arcaico y los sermones de San León Magno. Pero a finales del siglo VII con la decadencia del catecumenado y con la paulatina difusión en Occidente del culto de la Santa Cruz, se va acentuando la tendencia a dirigir los pensamientos a los sufrimientos de Jesús, hacia el final de la Cuaresma. Por eso ese incremento del misterio doloroso de Cristo en los textos litúrgicos, que inseridos en los ya existentes, dieron forma y composición a esta semana de transición. Las oraciones y las primeras lecturas desde el domingo al jueves hacen referencia al ayuno y a la penitencia cuaresmal sin ninguna referencia a la Pasión. Los fragmentos del evangelio hacen referencia a la Pasión y el prefacio es de la Santa Cruz, compuesto originariamente para la misa votiva. Este doble carácter se nota en el Oficio divino: la antífona del invitatorio es penitencial y en cambio los himnos de Venancio Fortunato Vexilla Regis y Pange Lingua son una exaltación de la Cruz y de los dolores de Cristo.

Este tiempo de Pasión presenta dos particularidades litúrgicas. Omitir el salmo 42 Judica me Deus al principio de la Misa y la prescripción de cubrir las cruces e imágenes, interpretado como signo de tristeza, pero que originariamente deriva de la costumbre, consolidada en el siglo IX, de extender al principio de la Cuaresma un gran velo ante el altar que lo ocultaba a los ojos de los fieles y que era removido el miércoles santo cuando en el evangelio se leía que el velo del Templo se rasgó (velum templi scissum est). El pueblo que no tenía calendario, al ver el velo sabía que había llegado la Cuaresma (en Alemania lo llamaban Hungertuch– el velo del hambre -por el ayuno que empezaba) y también era un recuerdo de la antigua expulsión de los penitentes de la Iglesia. Al decaer esa disciplina de expulsión, a partir del miércoles de ceniza todos los fieles eran considerados penitentes y con el hurtar la visión del Altar los separaba en cierta manera del Santuario, como antaño, hasta que en Pascua no se hubieran reconciliado con Dios. De ahí el precepto pascual de confesarse y comulgar, recuerdo de la readmisión plena de los penitentes a la vida de la Iglesia. La costumbre pues de tapar las imágenes y las cruces comprendía toda la Cuaresma, como aún se usa en el rito ambrosiano. La regla de limitarlo al tipo de Pasión es del siglo XVII. En el misal de 1970 prescribe se mantenga allí donde se crea oportuno. Se convierte pues en un uso legitimo aunque discrecional.

Capitulo 17: El Domingo de Ramos

El apelativo Dominica palmarum que en el uso litúrgico este domingo recibió desde tiempos de San Isidoro de Sevilla (+636) parece haya hecho olvidar aquel otro más antiguo y originario De passione Domini recordado en los sermones de los Padres Latinos de los siglos IV y V.

La liturgia de este día es la resultante de la unión de dos ritos de origen y carácter bien diverso: la bendición y procesión de los ramos de una parte y la conmemoración solemne de la Pasión de Cristo por otra, ritos que en el trascurso de los siglos se han desarrollado de manera varia si bien permaneciendo netamente distintos.

El origen de la Procesión de Ramos ha suscitado muchas discusiones, pero parece ser haya que encontrarla en las costumbres de la Iglesia Madre de Jerusalén del siglo IV. La entrada triunfal de Cristo en la Ciudad Santa desde el siglo II había sido considerada una de las mayores afirmaciones de mesianismo, motivo por el cual su conmemoración histórica implicaba una dimensión apologética singular. Egeria refiere en su Peregrinatio que el domingo antes de Pascua hacia la hora séptima (13h) el pueblo con el obispo se reunía en el Monte de los Olivos entre la Basílica del Eleona y la del Imbomon (Ascensión). Se empezaban a cantar himnos y antífonas, intercalados de lecturas y oraciones, hasta que a la hora undécima (17h) leído el evangelio que describe la entrada de Jesús en Jerusalén, todos salían y llevando ramos de olivo y palmas, entre el canto de himnos y salmos intercalados con el Benedictus qui venit in nomine Domini, bajaban procesionalmente con el obispo a la ciudad dirigiéndose a la iglesia del Anástasis (Santo Sepulcro) donde la función acababa con el oficio vespertino (lucernario de vísperas). Ninguna referencia a bendición de ramos. Con el tiempo el pintoresco rito adquirió mayor relieve y solemnidad ya que en el siglo VI las estaciones del recorrido eran ya cinco, y otras iglesias orientales (Edesa y Constantinopla) la habían introducido en sus rituales. Se desconoce cuando pasó este uso a Occidente pero los primeros trazos los encontramos en España, ya que San Isidoro en su Liber Ordinum lo menciona, así como el Misal de Bobbio cuyas fórmulas muestran evidentes puntos de contacto con la liturgia hispánica y con la bizántina.

Beda el Venerable (+735) en la homilía para el domingo de Ramos, conoce no sólo la fiesta sino una ceremonia litúrgica de las palmas. El versus de Teodolfo de Orleans (760-821) "Gloria, laus et honor tibi sit" que gozó de tanta popularidad en la Edad Media y que fue recogido en parte en el misal, dan testimonio de un gran y rápida difusión del rito. En Roma los sacramentarios Gelasiano y Gregoriano hacen expresa mención de la fiesta y del rito, este último incluye una bendición a los portadores de las palmas. En el ritual Romano-germánico del siglo X encontramos el más antiguo ritual de la procesión de Ramos y numerosas fórmulas de bendición.

El deseo de reproducir litúrgicamente las circunstancias de la triunfal entrada de Jesús en Jerusalén, otorgó a la procesión de ramos en la Edad Media un carácter dramático, vivo y profundo, que no encuentra paragón en otras solemnidades del año: todo el pueblo, con el obispo a la cabeza y el clero, se reunía en una iglesia fuera de la ciudad o en un exterior elevado, como representando el Monte de los Olivos. Después de la lectura del Éxodo 15,27 Venerunt filii Israël in Elim (Y llegaron los hijos de Israel a Elim, donde había doce fuentes de aguas, y setenta palmeras; y acamparon allí junto a las aguas), se bendecían los ramos con una larga serie de oraciones y se distribuían. Comenzaba a caminar la gran procesión en la que la persona de Jesucristo era presentada o bien por el Evangeliario, envuelto en un paño púrpura, colocado en una peana, ricamente adornado y llevado por cuatro diáconos, o bien por un gran Crucifijo sin velar adornado de ramas verdes. Durante el cortejo se alternaban antífonas y los niños lanzaban flores al paso de los diáconos.

Llegados a la entrada de la ciudad, los pueri cantores cubrían el paso de la Cruz con sus capas y mantos, adorándola de rodillas mientras el clero cantaba Kyrie eleison y Pueri Hebraeorum. Acabado este canto comenzaba el himno de Teodolfo Gloria Laus et Honor tibi sit. Comenzaba el homenaje del pueblo que pasaba delante ofreciendo sus flores y adorándola mientras se cantaba la antífona Omnes collaudent nomen tuum (Todos alabarán tu nombre) y el salmo Lauda Jerusalem. El último en adorar era el obispo con el clero mientras el coro cantaba Percutiam pastorem (Herirán al pastor y las ovejas se dispersarán). A estas palabras un clérigo con la mano o con una palma golpeaba ligeramente la espalda del obispo. A partir de ese momento el cortejo procesional entraba en la ciudad cantando Ingrediente Domino in sanctam civitatem (Entrando el Señor en la ciudad santa) hasta la puerta de la catedral donde después de cantar el Benedictus qui venit (Bendito el que viene en nombre del Señor) el obispo concluía la procesión con una oración. En Roma el lugar de partida era Santa Maria la Mayor y el destino San Juan de Letrán, estación de aquel día. A representar a Cristo, el Evangeliario recubierto de lienzo púrpura.

En Inglaterra y en Normandía, parece que Lanfranco de Canterbury (+1089) introdujo la costumbre de llevar la Eucaristía. En los pequeños pueblos de esas tierras la meta era la cruz del cementerio que por esa razón era llamada Cruz de la Palma (Palm Cross). En Alemania desde el tiempo de San Ulrico de Augsburgo en Baviera (+973) se solía llevar una borriquita (Palmesel) de madera con una estatua de Jesucristo sentado sobre ella, que después se colocaba en la iglesia hasta la noche del miércoles santo para veneración de los fieles. En Milán la bendición de ramos tenía lugar en la basílica de San Lorenzo desde donde el Arzobispo, montado sobre un caballo guarnecido con ricos arneses, se dirigía hacia la basílica de San Ambrosio donde se cantaba la Misa.

Prrocesión de la borriquita

Hasta la reforma litúrgica de la Semana Santa de Pío XII de 1956 (el Decreto de Reforma esta fechado el 16 de noviembre del 55) las puertas de la iglesia no se abrían hasta que el subdiácono crucífero no golpeaba tres veces la puerta con la cruz procesional. Esta característica ceremonia se encuentra ya en el Pontificale romano del siglo XII pero no fue introducida en el misal hasta 1604: simboliza la entrada en el cielo de los justos con Cristo a la cabeza en virtud de su Cruz, al tercer día de su muerte. La Cruz permanecía velada, como permanece velada a los ojos humanos su divinidad en medio de sus sufrimientos.

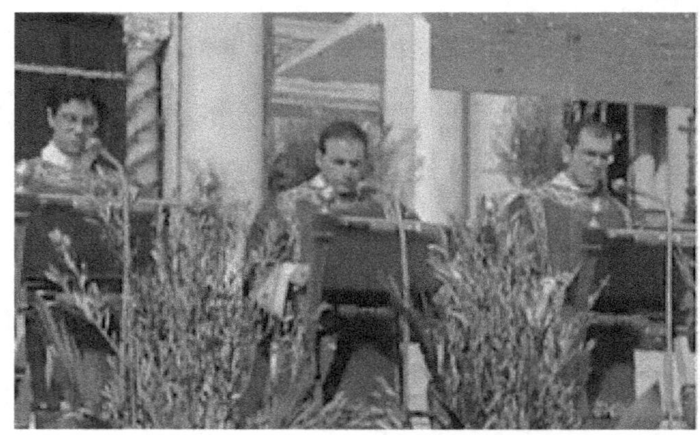

Canto de la Pasión por tres diáconos en el sacrato de San Pedro

La misa de este domingo está consagrada por completo a la memoria de la Pasión del Señor. La epístola recuerda la humillación heroica de "Jesús hasta la muerte y una muerte de Cruz". Se lee o se canta la Pasión según San Mateo de manera solemne por tres cantores: uno representa el cronista, otro Jesucristo y otro las diversas personas que intervienen (Turba). Posteriormente se introdujo la rúbrica de que los tres fuesen diáconos y llevar estola. Hasta el siglo XV en Italia y para acentuar el dramatismo, las palabras de la Turba eran cantadas por un coro de cantores.

Emisit spiritum

Cuando el diácono-cronista llega al emisit spiritum (…y entregó el espíritu) todos se arrodillan reverencialmente. Esta piadosa costumbre no es muy antigua: Godofredo de Beaulieu narra que San Luis, rey de Francia (+1270), lo observó en algunos monasterios benedictinos y lo introdujo en su capilla privada y lo hizo adoptar por los frailes dominicos. En Roma fue adoptado a finales del siglo XIV.

Capítulo 18: Jueves Santo

Misa Crismal en San Juan de Letrán

Los libros litúrgicos a este día consagrado principalmente a conmemorar la institución de la Eucaristía lo llaman *feria quinta in Coena Domini*. Tal nombre era común en África e Italia a principios del siglo V. En cambio el calendario de Polemius Silvius lo señala con la rúbrica *Natalis calicis (Nacimiento del Cáliz)* para el día 24 de marzo. Esta fecha y esta expresión la encontramos también en Avito de Vienne, Eligio de Nyon y al parecer era común en la Galia meridional de los siglos VI y VII, y se explica por la idea entonces asentada, que consideraba el 25 de marzo fecha de la muerte del Señor y el 27, día de su Resurrección.

La liturgia del Jueves Santo, expresada en el Oficio y en el formulario dela Misa, une el recuerdo de la institución de la Eucaristía y los luctuosos episodios que inmediatamente después dieron inicio a la Pasión de Cristo, es decir la oración y agonía en el Huerto de los Olivos y, sobretodo la traición de Judas; muchas iglesias de hecho llamaban a este día *"dies traditionis"*. En esta misma jornada, desde la más remota antigüedad, se cumplían dos ritos especiales: la reconciliación de los penitentes y la consagración de los Santos Oleos en vista de la bendición de las fuentes bautismales y de la confirmación de los neófitos en la Vigilia Pascual.

a) El Oficio de Tinieblas

El Oficio de Lecturas nocturno de estos tres días finales de la Semana Santa lleva por nombre *matutina tenebrarum* porque concluye con las luces apagadas. Según el Ceremonial de los Obispos se comenzaba hacia las tres de la mañana pero en un origen se recitaba a partir de la medianoche *media nocte surgendum*. Hacia el siglo XIII-XIV, para facilitar la participación del pueblo que sentía una predilección especial por estas funciones sagradas, se anticipó a la tarde anterior *de sero, hora competenti* (a una hora conveniente de la tarde). Es decir que se anticiparon poco a poco los horarios de los oficios. La tarde del miércoles santo ya se cantaba el Oficio de Lecturas del Jueves. Por lo cual, y aún lo recordaran los más ancianos, antes de la reforma de la Semana

Santa de Pío XII la misa de la Cena del Señor tenía lugar por la mañana.

La característica más importante del Oficio es la austeridad y simplicidad de los ritos: sin versículos introductorios, ni Gloria Patri, sin saludos, sin bendiciones: es un autentico oficio de lecturas meditado como en los tiempos primitivos de la Iglesia romana. De hecho las fórmulas introductorias y los saludos y bendiciones en el Oficio divino fueron introducidos por San Gregorio Magno, y los himnos lo fueron en el siglo XII. La distribución de lecturas es como la que recuerda San Benito en su Regla: en tres nocturnos, el primero para el A.T., el segundo para los sermones patrísticos sobre la Escritura y el tercero para las Epístolas paulinas. Nótese la importancia de la conclusión *(clausula)* de las Lamentaciones de Jeremías: *"Jerusalem, Jerusalem, convertere ad Dominum Deum tuum"* (Jerusalén, Jerusalén, conviértete al Señor tu Dios). En el siglo XII se introdujo ya tardíamente ese famoso y muy popular salmo *Miserere* al final, cantado después del Padrenuestro, que ha inspirado tantas composiciones musicales, y que en tiempos más antiguos era recitado en silencio (Durando refero)

Tenebrario

La maravillosa serie de textos litúrgicos que evoca el ensañamiento de los enemigos de Cristo contra Él y la perfidia de la traición de Judas, es la causa de la saludable y eficaz impresión de tristeza que, más que otros artificios exteriores antaño desconocidos para la severidad de la liturgia romana, se suscita en el ánimo de los fieles. A destacar los responsorios, obra maestra de la liturgia de la Iglesia Romana.

Un especial protagonismo adquiere un característico candelabro *(hericia, saetta, tenebrarium…)* triangular con quince cirios que se apagan sucesivamente al final de cada salmo, a excepción del último que se esconde detrás del altar. Esta ceremonia, en la Roma del siglo VIII era usada tanto Viernes como Sábado Santo, pero no el Jueves, que era un día de luz y no de tinieblas. Hay que ver en este rito un signo de luto y tristeza, símbolo de la muerte de Cristo y de la oscuridad acaecida a la hora de nona, hora de la muerte del Señor. El dejar el último cirio encendido era un signo de la esperanza que los creyentes cobijan de ver resucitar al Señor, pero también un medio práctico y modesto de iluminar los pasos de los que están en el altar.

b) Las tres misas antiguas

El Sacramentario Gelasiano contiene tres Misas para el Jueves Santo: la primera para la reconciliación de penitentes cuyo rito desde el año 416 servía como Misa de los Catecúmenos. La segunda llamada crismal para la consagración de los Santos Óleos y la tercera, al atardecer, en memoria de la institución de la Eucaristía y la traición de Judas. En esta última se solía recibir la comunión sin ayuno. El Gregoriano y los *Ordos* antiguos sólo conocen la Misa Crismal para este día que se celebraba hacia la una del mediodía y con un fuerte carácter festivo, de blanco, con Gloria, y con el ceremonial de las grandes solemnidades festivas.

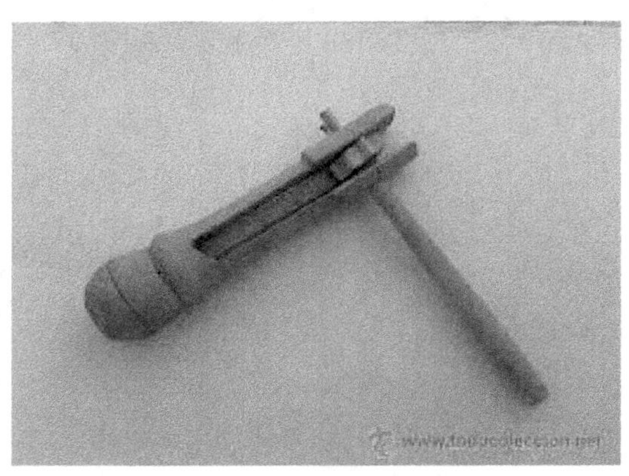

Carraca

Después del canto de Gloria comienza el silencio "de los sagrados bronces": el uso de las campanas es sustituido por el uso de la *tabula* (*crepitáculum*, crótalo, carraca…): un instrumento de madera que suple el servicio de las campanas, tal como se usaba en los monasterios cuando un monje agonizaba o se lavaban los pies a un huésped.

En la Misa de Jueves Santo la participación de los fieles era general y todos participaban de la Comunión y una parte de la oblata consagrada por el Papa era llevada a todas las iglesias de Roma *(Tituli)*. Este era uno de los días en que era de precepto comulgar. Y aunque el Concilio Lateranense de 1215 redujo la obligación de comulgar a sólo la Pascua, el pueblo fiel ha mantenido la piadosa costumbre de mantenerla para este día.

c) La bendición de los Santos Óleos.

Misa Crismal en la concatedral de Alicante

La Consagración de los Santos Óleos que tiene lugar durante el Pontifical de la Mañana (y que en tantos lugares han desplazado a otro día de la semana, pues es potestativo hacerlo según el misal de 1970), aunque no es de origen apostólico sí que se remonta a la más alta antigüedad. Al parecer en un origen el obispo consagraba el crisma y el óleo de catecúmenos justo antes de bautizar. El de enfermos era bendecido por el sacerdote en las misas ordinarias cuando era necesario para los fieles. Fue a mitad del siglo VI cuando empezaran a bendecirse los tres juntos, en algunas partes el Sábado Santo, en otras el domingo de Ramos. Finalmente se estableció para el Jueves Santo, ultima misa antes de la noche bautismal de la Vigilia Pascual. En la tradición romana era uno de los ritos más solemnes y aún hoy en día mantiene el antiguo esplendor: 12 sacerdotes todos con casulla, 7 diáconos todos con dalmática: es un recuerdo de la antigua y real concelebración que en la Edad Media tenía lugar en esta misa crismal. Posteriormente la cooperación del clero en la bendición se redujo casi a la mínima expresión: nula para el de enfermos y reducida a la exhalación del aliento sobre los vasos y al saludo reverencial hacia ellos. La reforma del misal de 1970 intentó recuperar una mayor intervención del presbiterio.

El modo de consagración, el momento en que tiene lugar, las fórmulas utilizadas han variado muchísimo en el trascurso de los siglos y en los diversos lugares: muy antiguo era el saludo "Ave, Sanctum Chrisma!" con que el clero presente saludaba haciendo genuflexión y, más tarde, besando la gran crismera. El Crisma se consagraba y los otros dos óleos se bendecían. Importantísima la procesión desde la sacristía para transportar las crismeras y el canto del himno de Venancio Fortunato "O Redemptor, sume carmen" (Oh Redentor, acoge el canto…) una de las más bellas y antiquísimas melodías gregorianas.

d) El Monumento y los ritos conclusivos.

Monumento en Murcia

El celebrante en este día de la Missa in Coena Domini debía consagrar dos hostias, una de las cuales sumía y la otra reservaba. Este uso, debido a que el Viernes Santo es un día alitúrgico, es antiquísimo. Y se debían reservar las dos especies eucarísticas: pan y vino. A partir del siglo XII se prohibió reservar el cáliz. La Eucaristía se reservaba en el sagrario habitual en la sacristía, pero

135

a partir del siglo XI se observa una radical innovación: se traslada a la iglesia, sobre un altar en un lugar preparado adrede, y su traslado se lleva a cabo procesionalmente y con cierta pompa. En Roma se hacía así ya en el siglo XII. Poco a poco el ceremonial se va enriqueciendo: el canto del *Pange lingua,* la pequeña píxide que entonces era corriente es sustituida por un copón. En simbolismo medieval de ese altar cada vez va representando más la tumba del Señor, el *monumentum,* y se llena de flores y velas, quedándose a velarlo los fieles día y noche hasta la mañana de Pascua. Excepto esta última característica, el *velatorium* debe concluir a medianoche, esa es la praxis actual, repetida por los liturgistas medievales hasta la saciedad: representar la deposición del cuerpo del Señor en el sepulcro.

Depuesto el Reservado en el Monumento se recitaban vísperas en el Coro, aunque esta práctica fue posterior, ya que en la primer antigüedad las vísperas eran omitidas. Después se procedía a la denudación de los altares. No es improbable que esta práctica recordase la antigua costumbre de quitar los manteles, acabada la misa. Junto a esto se solía lavar los altares con agua y vino: el simbolismo de místico homenaje fúnebre a Cristo, representado en el Altar, se unía al hecho práctico de preparar la *sacra mensa* para la Pascua. Añadir la antífona *Diviserunt sibi* (Se repartieron mis ropas…) con el salmo 21 mientras se quita el mantel para lavar el altar posteriormente con vino y un poco de agua disuelta, es un rito muy tardío, así como añadir al final el versículo Christus factus est (Cristo se hizo obediente) y un padrenuestro.

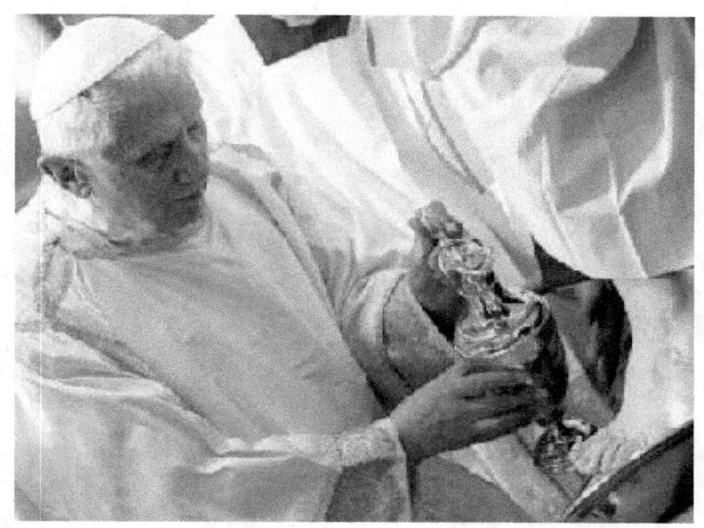

El *mandatum o* lavatorio de los pies, que a ejemplo de Cristo el obispo hace a doce pobres o doce sacerdotes, era ceremonia común en la Edad Media, aunque integrada en momentos diversos, dentro o después de la misa, cantando un himno o sin cantar nada. El hermoso himno *Ubi charitas* es veronés de procedencia y fue compuesto en el siglo IX, pero la melodía por su simplicidad y belleza es un precioso legado de los primitivos cantos cristianos.

Capítulo 19: Viernes Santo

Gran Postración de Viernes Santo

El martirologio anuncia: *Parasceve Dominus noster Jesus Christus crucifixus est.* Es el gran día de luto para la Iglesia, el *dies amaritudinis* (día de amargura) el primitivo *dies Paschae* como lo llama Tertuliano. Era por esa razón el día alitúrgico por excelencia, observado con praxis unánime tanto en Oriente como en Occidente. En Hispania a principios del siglo VII algunos contra toda tradición llegaban incluso a tener cerradas las puertas de la iglesia en este día, lo que les valió la excomunión por el IV Concilio de Toledo. La *Regula Magistri* compuesta en Hispania en torno a esa época prescribe que acabado el oficio de Laudes concluían todas las demás horas del Oficio invitando a los monjes a ocuparse de la meditación de los dolores y de la muerte de

Cristo. Esta era en un principio la disciplina general de la Iglesia. Una de las devociones más comunes era recitar el Salterio completo, los 150, salmo tras salmo. Hasta el siglo XIV lo hacía el Papa con sus capellanes. En Montecassino los monjes lo hacían descalzos.

La liturgia romana desde el siglo V celebraba la colecta en Letrán para dirigirse hacia la estación en Santa Cruz en Jerusalén, que era como una reproducción de la Ciudad Santa.

El programa litúrgico del día comprende actualmente tres ritos principales bien diferenciados:

a. El servicio eucológico que concluye con las Oraciones Solemnes
b. La adoración de la Cruz
c. La comunión

Passio

Lecturas, cantos y oraciones siguiendo el tipo exacto de las reuniones estaciones alitúrgicas que empieza hacia la hora de nona (15h) precedidas por la postración de los ministros ante el altar rezando en silencio, mensa del altar desnuda, oración e inicio de las lecturas: tres conforme el uso primitivo. La primera de origen galicano es Oseas 6 y se refiere a la redención: Israel ha pecado, pero Dios en su misericordia le ha enviado un Redentor. La segunda Éxodo 12,1-11 es un recuerdo de la celebración pascual de los hebreos, que fue símbolo y figura de la celebración del sacrificio neotestamentario. Tras esta lectura seguía el salmo 139 casi leído entero como responsorial: Señor, sálvame del hombre malvado *(Eripe me, Domine ab homine malo.)*. En la reforma de 1969 se prefirió el salmo 30 (A ti Señor me acojo no quede yo defraudado) con la respuesta tomada del evangelio de Lucas: *Padre, a tus manos encomiendo mi espíritu*. Ambas describen los sentimientos de Jesús en la Cruz, que siendo objeto del odio de sus enemigos no pierde la confianza en el Padre. Finalmente el relato de la Pasión según San Juan que ya era leído en tiempos de San Gregorio.

La liturgia de la Palabra se concluía desde muy antiguo con las Oraciones Solemnes, prototipo de lo que fueron en origen las Preces Comunes recitadas antes del Ofertorio y que fueron de uso habitual en la misa hasta el siglo VI cuando fueron integradas en un canon romano enriquecido por ellas. La reforma de Pablo VI las reintegró al uso ordinario en el Novus Ordo del 69. Su esquema es una breve introducción sobre el sentido específico de cada plegaria, silencio de recogimiento y formula de conclusión. Una rúbrica ya del siglo IX observaba que se introdujese con el *Oremus*, que el diácono invitase a la genuflexión con el *Flectamus genua* y que después de rezar prescribiese con el *Levate* el volver a levantarse.

B.-La adoración de la Cruz

Este rito introducido en Jerusalén desde el siglo IV era muy sencillo: el pueblo reunido en la Iglesia de la Cruz sobre el Gólgota, con el obispo sentado en su cátedra y los diáconos circundándolo, abrían el relicario de plata dorada con el Santo Madero y vigilando con sus manos para que nadie tocase y malograse la preciosa reliquia, hacían desfilar al pueblo que besaba o acercaba su frente y sus ojos al Lignum Crucis. Todo en silencio y sin canto alguno. El rito fue imitado y calcado por muchas iglesias de Oriente y Occidente, especialmente las que poseían alguna reliquia de la Veracruz. En Roma fue a mediados del siglo VII cuando se instauró el rito: el Papa hacia la hora octava (14h) acompañado de sus ministros salía del Palacio de Letrán descalzo llevando un incensario humeante y seguido de un diácono con el relicario de la Veracruz del Papa Símaco cubierto para dirigirse a Santa Cruz en Jerusalén donde llegado, lo depositaba en lugar conveniente, lo descubría, se arrodillaba y lo besaba. A continuación le imitaban todos los presentes, comenzando por el clero y continuando por el pueblo. Después de ello, se realizaba el servicio eucológico tal como hemos descrito anteriormente. Y sin comulgar todos marchaban tras las Oraciones Solemnes. Se exhortaba a quien quisiese comulgar dirigirse a otras iglesias de Roma. Fue más tarde, cuando se añadió la recitación del Padrenuestro con la inmediata Comunión con las especies consagradas el día antes. Como se ve el rito romano era muy sencillo. El único elemento decorativo consistía en el canto del *Ecce lignum crucis* intercalado del salmo 118 mientras el Papa regresaba a Letrán y el pueblo desfilaba para besar la Cruz.

Pero en Hispania y en la Galia, bajo la influencia de la liturgia jerosolimitana, la ceremonia fue en seguida dramatizada con el descubrimiento y la ostensión de la Cruz, con la triple admonición

Mirad el árbol de la Cruz y la consiguiente postración ante el Crucifijo con la respuesta *Venite, adoremus*, y sobretodo con el canto del *Popule meus,* de los Improperios y del Trisagio Bizantino (Agios o Theos,...) y de dos himnos: el *"Pange Lingua gloriosi praelium certaminis"* y el *"Vexilla Regis"*. Todos estos elementos de origen foráneo, importados en la liturgia romana entre los siglos IX y XI, forman actualmente el sugestivo encuadre plástico de la Adoración de la Cruz desde el siglo XII según encontramos en el Pontifical Romano de ese siglo.

C.- La comunión

Siguiendo la nomenclatura griega esta parte es denominada "de presantificados" (liturgia ton proegiásmenon) porque es un simple rito de comunión con las Sagradas Especies **precedentemente consagradas** el Jueves Santo. Duchesne relaciona este rito con las vetustas sináxis alitúrgicas que los griegos celebraban en Cuaresma, absteniéndose de celebrar el Santo Sacrificio fuera de sábados y domingos. En un principio la Iglesia antigua se abstenía de comulgar incluso de las especies *presantificadas* el Viernes Santo, no siendo distribuida la Comunión. Posteriormente la comunión comenzó a formar parte de la liturgia papal, y de allí se fue extendiendo su uso a toda la Iglesia. Es de notar que hasta hace relativamente poco este día sólo comulgaba el celebrante y no el pueblo.

El conjunto de oraciones ofertoriales, de incensación del altar, del lavabo y de elevación de la Hostia fue muy posterior, y artificiosamente incluido para dar al rito una cierta semejanza a la misa. La reforma de la Semana Santa de Pio XII de 1955 purificó el conjunto de ritos del Viernes Santo devolviéndole su primitiva pureza, muy especialmente este de la Comunión, donde es necesario subrayar el recitado del Embolismo *(Libera nos Domine)* después del Padrenuestro en alta voz.

Hay que notar que los colores litúrgicos del Viernes Santo, incluso en la reforma del 55, fueron el negro para las dos primeras partes y el morado para el rito de la Comunión. El misal de Pablo VI asigna el color rojo, por ser Cristo el Rey de los Mártires, a todos los oficios de este día denominados en su conjunto "Acción Litúrgica de la Pasión y Muerte del Señor".

Capítulo 20: Sábado Santo de Catecúmenos, en Letrán

Plafón del Baptisterio Lateranense

En la antigüedad este sábado conllevaba la observancia de un ayuno muy riguroso que se prolongaba hasta el alba de la mañana de Pascua. En Roma ni los niños estaban dispensados. Era esta una de las razones por las que no se celebraba el banquete eucarístico: toda la Iglesia permanecía en la piadosa expectación de la llegada de la noche sagrada cuando se solemnizaría el misterio de la Resurrección de Cristo.

El Sábado Santo por la mañana, en Letrán, el archidiácono mandaba fundir cera y mezclando el crisma, la bendecía y la distribuía en pequeños moldes ovalados sobre los cuales estaba dibujada la imagen del místico Agnus Dei. Estos *"agnusdei"* después eran distribuidos entre los fieles en la misa del sábado in albis, ocho días más tarde, como eulogías (objetos bendecidos) y souvenirs de la solemnidad pascual. Fuera de Roma, donde estaba en vigor el antiguo rito del Lucernario de la noche y la bendición del Cirio Pascual, la cera se sacaba de la que quedaba de la elaboración de aquel gran Cirio que iba a iluminar el ambón de la Vigilia Pascual. Más tarde cuando Roma adoptó el rito del Lucernario hacia el siglo V, encargó al archidiácono lateranense su elaboración. Siglos más tarde la bendición de esos agnusdei fue reservada a los Papas para el comienzo de su Pontificado y posteriormente cada cinco años.

Agnusdei de épocas diversas

Según los *Órdines Romani* en este día hacia la hora de tercia (9h.) se daba cita a los catecúmenos por penúltima vez en la Basílica del Salvador de Letrán. Los chicos en la parte derecha y las chicas en la izquierda. El sacerdote trazaba en sus frentes la señal de la Redención, después imponiéndoles las manos en la cabeza de cada uno, recitaba el exorcismo: *"Nec te lateat, Sátana"* propio del Ritual del Bautismo de adultos. Después de mandar a Sátanas el retirarse de ellos para dar lugar a la llegada del Espíritu Santo, para recordar el signo milagroso del Señor que con un poco de saliva y a la voz de *Effetá (abrios)* curaba ciegos, mudos y sordos, el sacerdote tocaba con su dedo humedecido en saliva, las fosas nasales y los oídos de los catecúmenos, diciéndoles: *"Ábrete a la gracia del Espíritu Santo. Y tu demonio, vete, pues el juicio de Dios es inminente"*

Bautismo de adultos

En la Antigüedad, en medio de un mundo corrompido e idólatra, el bautismo de adultos implicaba una auténtica conversión a Dios y era el resultado de una auténtica lucha entre el alma y el demonio que no quería dejar escapar a su prole. El instante en que el catecúmeno, por la noche bajaría a la piscina bautismal era como el momento decisivo de la lucha, por eso antes de bajar, por la mañana la Madre Iglesia ungía su cuerpo con el óleo bendito de catecúmenos, como los atletas en el estadio, para fortalecerlos para el combate. El momento era muy solemne. El catecúmeno mirando a Poniente, región de las sombras, de la puesta del sol y de las tinieblas nocturnas iba renunciando a Satanás. Después mirando a Oriente, el candidato pronunciaba la formula de su consagración:

"Yo me entrego a Ti, oh Luz Increada". Después venía la *redditio Symboli* (recitación del Credo) que les había sido explicado por el Pontífice en la estación del miércoles de la IV semana de Cuaresma, la mediana, llamada *in aperitione aurium* (apertura de oídos).Esa recitación del Credo por los catecúmenos era muy sentida por todo el pueblo cristiano que la presenciaba como un triunfo de la Fe, una nueva apología del cristianismo.

Después de una última oración los catecúmenos eran despedidos e invitados a reposar, ayunar y rezar, a la espera de que la luna, *el astro nocturno de los cielos,* apareciese. Entonces se encaminaban al Baptisterio Apostólico de la vía Salaria o del Vaticano donde se les administraba el bautismo.

En este día en la alta antigüedad no había Oficio divino, regla de sabia discreción en vistas a la larguísima Vigilia Pascual. Más tarde, cuando se desfiguró la Vigilia Pascual, se elaboró un oficio donde los salmos elegidos y los responsorios compuestos describen los sentimientos de Jesús que en la oscuridad de la tumba suplica a su Padre para que le conceda el triunfo de la Resurrección.

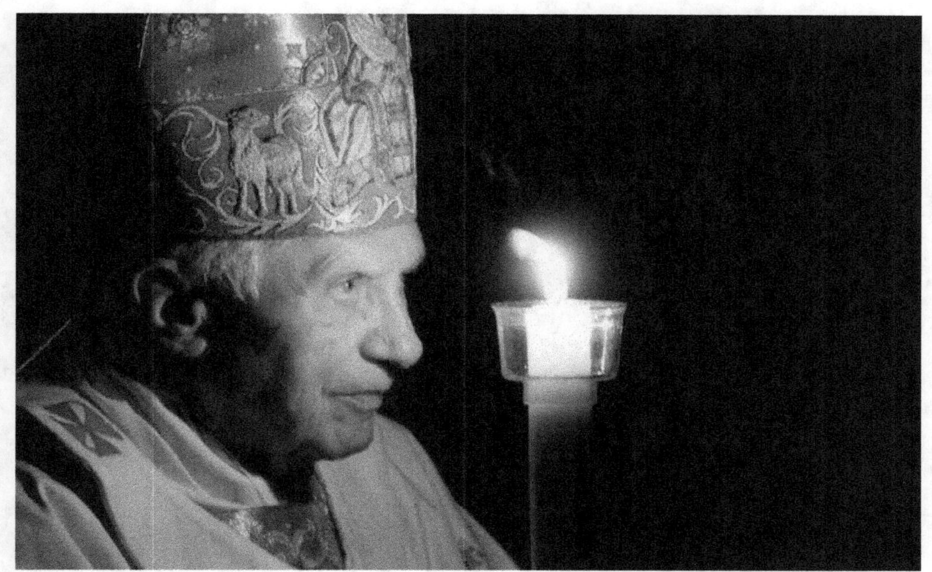

Mientras su Cuerpo, como el grano de trigo sembrado en el surco, sufre la humillación del sepulcro. Los amigos se alejan de la tumba, los judíos ponen guardia y custodia delante.

Pero al despertar del tercer día, Jesucristo resucita de entre los muertos y la Iglesia con su Liturgia lo anuncia vivo desde hace veinte siglos a todas las naciones que gracias a la Fe tienen parte en su Resurrección.

Llegará el día de la verdadera Pascua cuando Cristo sobre el Altar del Cielo inaugurará una Liturgia Nueva, la de la Universal y Eterna Pascua de Resurrección.

Capítulo 21: El día de Pascua

Capilla con el icono de Cristo Akeropita (hoy en la Scala Santa)

La preminencia absoluta de la Pascua en relación con las otras fiestas cristianas, hizo que los Padres de la Iglesia la llamarán con las expresiones más entusiastas: *dies magnus, festivitatum festivitas, dies dierum Regina, dies verus Dei, dies felicissimus* (el gran día, la festividad de las festividades, jornada reina entre las jornadas, verdadero día de Dios, día felicísimo...)

La Pascua es el punto culminante de todo el ciclo cristiano, por eso la antigua disciplina litúrgica hizo de este día el gran día bautismal de toda la Iglesia. Mientras los neófitos renacían limpios del pecado, los fieles renovaban su espíritu devolviendo su espíritu místicamente a la gracia de su infancia cristiana. La fiesta de Pascua por eso estaba unida intrínsecamente a la liturgia bautismal. Sin esta, es imposible comprender los ritos y los textos litúrgicos de este tiempo.

La función bautismal de la noche de Pascua a finales del siglo IV acababa hacia el alba. Más tarde, disminuido el número de los bautizados y anticipados los ritos de la vigilia nocturna a la tarde del Sábado Santo, se concluía hacia medianoche. Al amanecer se celebraban en la iglesia las funciones de Jesús Resucitado. Los maitines de Pascua comenzaban con el ósculo de la paz entre los fieles, el saludo *Deus in adjutorium,* sólo el canto de tres salmos sin himno, según la antigua disciplina de la Iglesia Romana. En las iglesias fuera de la ciudad tenía lugar una procesión al Monumento para recoger la Cruz y la Eucaristía que habían sido reservadas (recordemos que no se comulgaba el Viernes Santo). El sacerdote después de haber mostrado la Hostia a los fieles, la llevaba al altar mayor mientras el coro cantaba, en memoria de la triunfal bajaba de Cristo al limbo, la antífona: *"Cum Rex gloriae, Christus, infernum debellaturus intraret"* (Cuando Cristo, el rey de la Gloria, entro en el infierno para vencerlo). Más tarde el Oficio se recargó y sólo la reforma del Breviario de San Pío X devolvió a la pureza original el Oficio pascual.

En Roma, hacia el siglo XII, según una tradición antiquísima de los primeros siglos cristianos, el anuncio de la Resurrección lo hacía el Papa antes de trasladarse a Santa María la Mayor, iglesia estacional de Pascua, para cantar la Misa. La ceremonia tenía lugar en la Capilla de San Lorenzo del Letrán donde junto a la reliquia del Lignum Crucis se custodiaba el icono de Cristo Akeropita (imagen del Salvador). El pontífice, revestido de ornamentos pontificales, abría el tríptico con la Sagrada Imagen, besada tres veces los pies del Salvador, dando por tres veces el anuncio de la Resurrección: *Surrexit Dominus de sepulcro, Alleluja!!* (El Señor ha resucitado del sepulcro, Aleluya) , a la que todos respondían: *Qui pro nobis pependit in ligno, Alleluja.*(Que por nosotros colgó de la Cruz, Aleluya) Posteriormente todos pasaban a venerar la imagen y la Cruz esmaltada. Después se acercaban a recibir la paz del Papa que les saludaba diciendo: Realmente el Señor a Resucitado *(Surrexit Dominus vere)* respondiendo: Y se ha aparecido a Simón *(Et apparuit Simoni)*

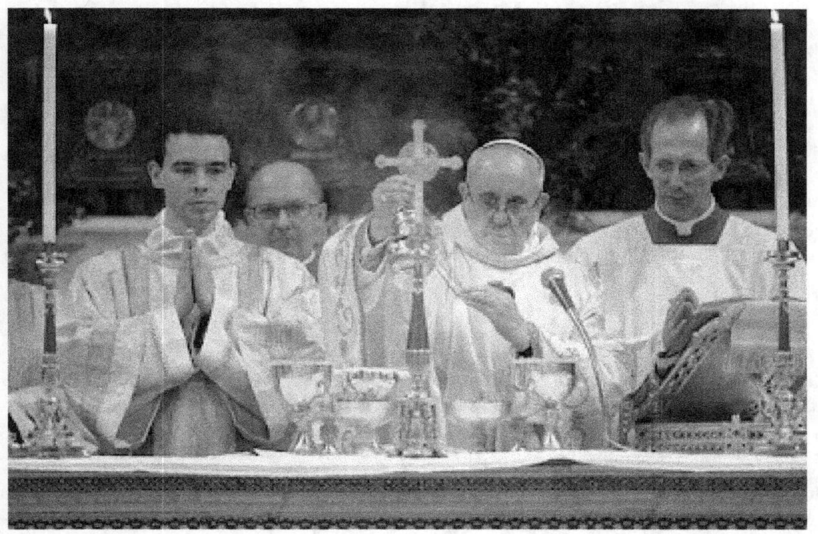

El Papa Francisco en su primera celebración de Pascua

Posteriormente el cortejo del Papa siguiendo vía Merulana se encaminaba a la basílica de Santa María la Mayor. Un notario, a medio camino, saludaba al Papa y le daba noticia de cuantos bautizados y bautizadas había habido en la noche pascual. A lo que el Papa respondía con un *"Deo gratias"*.

Con el traslado de la sede a Aviñón, esta función desapareció para no volver ya jamás, y cuando los Pontífices regresaron, la estación pascual se trasfirió a la Basílica de San Pedro, más cercana a la nueva residencia pontificia.

La actual Misa de Pascua no es primitiva. Originariamente la única misa oficial de la solemnidad era la celebrada en Letrán, que al anticiparse cada vez más a la tarde del sábado, cedió su lugar de preminencia a la que hoy es denominada *del día de Pascua*. Los textos son del Sacramentario Gregoriano y se inspiran en el misterio de la Resurrección. En esta misa tenía lugar la comunión general del precepto de Pascua. Y en el ofertorio se bendecían corderos, huevos y alimentos pascuales, después del riguroso ayuno cuaresmal.

Hasta finales del siglo XIII estuvo en uso en Roma una singular celebración vespertina: hacia las tres todo el clero se reunía en la Basílica de Letrán, bajo la Cruz triunfal de la pérgola de la nave. La Schola entonaba el Kyrie y todo el cortejo se dirigía al Altar Mayor, se cantaban tres salmos, el Magnificat y una oración, y la procesión de dirigía al Baptisterio, con toda la gran fila de neófitos. Se deseaba, con esa visita al Baptisterio, recordar a los recién bautizados el lugar de su redención. Después la procesión continuaba hacia el Oratorio de la Cruz, donde les había sido conferido el signo durante la vigilia.

El clero pasaba a los comedores papales (triclinium) para gustar tres tipos de vino: el Griego, el *de Pactis* y el *de Procoma* (según el lugar de procedencia de los caldos). Al final se cantaba un canto griego de alabanza a la Pascua con un brindis final por el Papa: *ton Rómes Páppan, Xriste, fílaxon (Romae Papam, Christe, conserva!)*

Se concluía hacía el atardecer, cuando los cardenales se dirigían a sus Tituli (iglesias titulares) y celebraban las Vísperas en sus sedes, y emulando la generosidad papal, invitaban al clero con el vino de sus dispensas. Santa alegría y libertad cristiana, connatural en un ambiente donde la fe era el ritmo de toda la vida social de los pueblos, donde la liturgia dictaba las normas y era al mismo tiempo la expresión de los gozos y tristezas de toda la familia cristiana.

Capítulo 22: La semana de Pascua

Frescos con neófitos con sus albas túnicas

La Iglesia, ciertamente inspirándose en la antigua costumbre judía, ha prolongado la máxima fiesta cristiana por siete días. De esta semana pascual encontramos los primeros testimonios en la segunda mitad del siglo IV, pero ciertamente es muy anterior. San Agustín la califica como *Ecclesiae consuetudo* (costumbre de la Iglesia) tan antigua como la Cuaresma. Siendo considerada festiva como el mismísimo día de Pascua, el pueblo debía observar el reposo y asistir a los servicios litúrgicos que cada día se celebraban. Las leyes eclesiásticas y civiles tenían especial cuidado de ello.

En la Iglesia antigua esta semana estaba destinada al perfeccionamiento espiritual y doctrinal de los neófitos, con adecuadas catequesis y la recepción diaria de la Eucaristía. Son celebres las catequesis mistagógicas de San Cirilo de Jerusalén, con los neófitos en la semana de Pascua del 347, y las de San

Ambrosio, que pronunciaba durante la misa celebrada exclusivamente para ellos, aunque él no los admitía a la Eucaristía por no considerarlos suficientemente instruidos de su significado.

En un primer tiempo, también en Roma, como en Milán, a Galia, la Hispania, se celebraba una especial misa *pro baptizatis*. Se intuye que el formulario de las misas que encontramos en el Sacramentario Gelasiano, represente el esfuerzo por unir las dos antiguas misas cotidianas para esta semana, una para los neófitos otra para los fieles. El Sacramentario Gregoriano las modificó en profundidad, destinándolas preferentemente a celebrar el misterio pascual. La observancia de la entera semana pascual decayó hacia el siglo IX, aunque muchos obispos y concilios se esforzaron en mantener en vigor la antigua disciplina, con diversos resultados según los países. Mientras San Bonifacio, en Germania, concedía que el miércoles los hombres pudieses volver al trabajo, el Decreto de Graciano del siglo XII enumera todos y cada uno de los días de esta semana como de precepto. En líneas generales, después del siglo X, se consideraron como propiamente festivos solo el lunes y el martes, manteniéndose así en la mayoría de países hasta el siglo XIX, cuando las exigencias de la vida moderna y la relajación de costumbres impelieron a su supresión. Prácticamente toda Europa conserva aún el lunes de Pascua como festivo, excepto e inexplicablemente buena parte de España. Sin embargo, litúrgicamente se conserva el tono festivo y solemne de toda la octava, que desde al menos el siglo VI, posee un formulario propio para cada día de la Octava, manteniendo incluso el título de las varias estaciones, a las que los fieles, y ahora los neófitos, eran convocados como en los días más solemnes. El Papa en persona dirigía personalmente la homilía, habiendo llegado hasta nosotros las pronunciadas en tales fechas por San Gregorio Magno.

Diversos Agnus Dei

El lunes la estación era en San Pedro, junto a la tumba del Apóstol: la epístola de la misa nos trae su discurso en el día de Pentecostés, y tanto el evangelio como la antífona de comunión hace referencia a la aparición del Señor al Apóstol. *Surrexit Dominus et apparuit Simoni!* , aunque la narración evangélica se centra en los discípulos de Emaús. El martes la asamblea estaba convocada en San Pablo: la epístola nos reporta un discurso paulino sobre la Resurrección y la antífona de comunión nos sugiere con las incisivas palabras de San Pablo, los frutos que deben extraer del misterio pascual. *Si consurrexistis cum Christo* (Si habéis resucitado con Cristo…) La meta del encuentro del miércoles era San Lorenzo Extramuros, santo que ocupaba un lugar primerísimo para el pueblo romano. Y el jueves se iba a la antiguamente muy apreciado templo de los Santos Felipe y Santiago, la iglesia de los bizantinos en Roma: la epístola recuerda al bautismo administrado por San Felipe el Diácono, al eunuco de la reina etíope Candace. La estación del viernes era en el Pánteon y el sábado *in albis vestibus depositis* (de la deposición de las túnicas blancas) se volvía a Letran, donde los neófitos después de la última procesión al Baptisterio devolvían sus túnicas y la venda que protegía la unción crismal que habían recibido en la frente después del bautismo: la epístola es una calurosa exhortación dirigida a ellos animándoles en la perseverancia del bien. Con este sábado concluían las festividades pascuales.

Recordemos que en este sábado, tal como expliqué en su momento en el capítulo 19, tenía lugar la distribución de los llamados *agnusdei:* los sellos, confeccionados con la mezcla de la cera del viejo cirio pascual y el nuevo crisma, bendecidos en Letrán el sábado precedente y destinados, en sus orígenes, a los recién bautizados. Más tarde, con la desaparición de los neófitos, su bendición se trasladó a la Capilla Sixtina para el miércoles de Pascua, y realizada por el Papa en persona.

Escena del relato evangelio del domingo de la Octava

Hoy en día la semana de Pascua no concluye el sábado, si no el domingo, llamado Domingo de la Octava de Pascua. Los antiguos documentos romanos lo llaman *Post albas* (Después de las túnicas blancas). El apelativo *in albis* dado a este domingo, es tardío e impropio, y se debió al hecho de que este domingo, convertido en domingo de la Octava, fuese asimilado al resto de días de la semana. Sin embargo en los primeros siglos, el *Haec dies* (Este es el día) la Secuencia, el Prefacio y el *Communicantes* de Pascua, así como el Aleluya añadido a la fórmula de despedida *Ite Missa est,* no pertenecían a las particularidades litúrgicas de este día: concluían con el sábado. En la liturgia de este domingo todo habla de infancia espiritual, empezando con el introito *Quasi modo geniti infantes* (Como niños recién nacidos). En el siglo VII se fijo la estación en la tumba de un mártir joven de 14 años, San Pancracio, en la vía Appia donde el Papa Honorio I (625-638) había restaurado la Basílica a él consagrada. El joven mártir era considerado el patrón de los juramentos hechos sobre su tumba, y como las promesas del bautismo constituían el más sagrado de los juramentos, la Iglesia conducía a sus neófitos a reafirmar las obligaciones contraídas con Dios.

Basílica y sepulcro de San Pancracio sobre la colina del Janículo

La Iglesia romana instituyó a este propósito una fiesta para el lunes siguiente, para hacer revivir en el ánimo de los fieles, bautizados en la Pascua del año precedente, el aniversario de su iniciación a la fe. La estación pues recuerda ese empeño de la Iglesia en custodiar y sostener a sus bautizados.

Capítulo 23: El Tercer Domingo después de Pascua

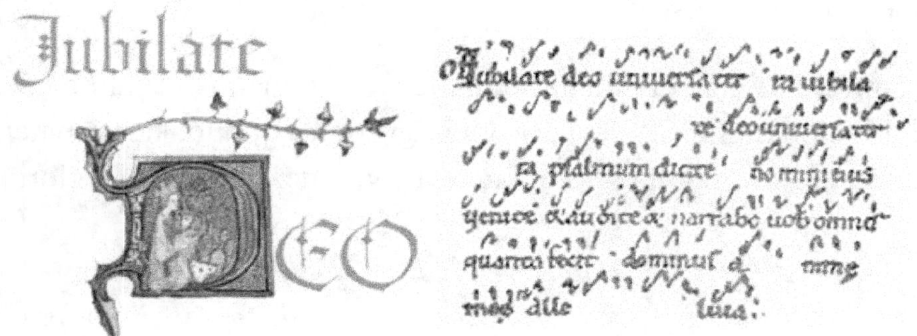

A partir de este domingo las listas romanas ya no designan ninguna basílica especial para la celebración de la estación dominical, lo que demuestra que al caer en desuso las primitivas reuniones cementeriales a causa de la poca seguridad que a partir del siglo VI ofrecía la campiña romana, la cita estacional o era indicada cada vez o ni siquiera tenía lugar. La misa celebrada por los sacerdotes en su iglesia titular suplía la ausencia de estación.

Debemos notar que la nomenclatura de los domingos del tiempo pascual cambió con el misal de Pablo VI, pasándose a llamar todos ellos domingos de Pascua, en orden numérico. En el cómputo tradicional, el orden numérico se establece a partir del "después de Pascua". Así este domingo, por ejemplo, en el Misal de 1970 es el "4º domingo de Pascua". Otro motivo de confusión nos viene cuando este domingo es llamado a partir de la reforma como "domingo del Buen Pastor", mientras que tradicionalmente esa era la denominación del pasado domingo, el 2º después de Pascua. Evidentemente en razón de la lectura evangélica, la de Jesús Buen Pastor, que centra toda la liturgia del día.

Hay que subrayar que durante todo el Tiempo Pascual la primera lectura de la Misa, nos sitúa en la experiencia pascual de los Apóstoles, pues en torno a ellos que se agrupa la Iglesia en la espera de Pentecostés.

El introito de este domingo "Jubilate Deo" tomado del salmo 65 es un himno triunfal. "Elevad a Dios gritos de júbilo, tierra entera, celebrad su nombre, cantad la grandeza de su gloria".

En la colecta se alude a la sublimidad de la vocación cristiana y de la eminente santidad que exige este estado que toma su nombre de Cristo mismo. Pidamos a Dios con insistencia que en virtud de la misma bondad con que Él ha hecho brillar la luz de la verdad sobre nosotros, nos conceda a todos los que hemos sido bautizados, realizar lo que significa.

En la epístola, es el apóstol San Pedro el que toma la palabra. Han empezado las persecuciones neronianas, y las armas con que se sirven los adversarios, judíos en general, son la calumnia y la violencia. A este odio, los cristianos, como Cristo, responden con el sufrimiento silencioso y la explosión de todas las mejores virtudes. Por el sufrimiento y el amor, la verdad y el bien se abrirán camino, y se impondrán por si mismas. Pero por el momento hay que humillarse, respetando las autoridades legítimas, incluso cuando se trata del mismo Nerón, sin considerar la manera indigna con que ejercen su poder. El cristiano vive en la espera. Llegará la hora en que Dios por su gracia visitará al Imperio Romano –esa es la profecía de Pedro- y entonces Constantino reparará el daño causado por la "Bestia coronada". El versículo del aleluya es tomando del salmo 110, que es uno de los cantos pascuales. El Señor ha rescatado a su pueblo, que le pertenece por el doble título de la creación y la redención. Si pertenecemos a Dios debemos vivir para Él.

El Papa San Silvestre y Constantino

El evangelio (Jn.16, 16-22) es un fragmento del discurso de Jesús en la Ultima Cena. Él anuncia la inminencia de su partida de este mundo y el breve intervalo entre su muerte y la resurrección. Este periodo, después dela resurrección de Cristo, en el que él se muestra a los fieles, es el nuestro. Es la historia de la Iglesia militante. El mundo sin fe, no lo ha visto desde la tarde del Viernes Santo, pero nosotros, al contrario, lo vemos cada día en la Eucaristía; conversamos con Él y nuestra vida es iluminada, como un resplandeciente mediodía, por los rayos que forman el aura de su gloria. Nadie nos puede privar de este gozo que proviene de nuestra familiaridad con Jesús, ya que es puramente interior. Y compensa con creces las penas que el mundo nos infringe a causa del nombre del Señor.

En la antífona de Ofertorio del salmo 145, el alma es invitada a alabar al Señor, de alabarlo en la nueva vida de Resurrección a la que nos ha elevado: vida eterna que no conoce la muerte, vida de Cristo de la que participamos gracias a los sacramentos. En la oración sobre las ofrendas se alude a uno de los efectos más importantes de la Santa Comunión, que es el vino nuevo que hace germinar el brote de la pureza. La Eucaristía apaga en nosotros las llamas de la concupiscencia y enciende en nuestro corazón el santo amor por las cosas divinas. Infunde en nuestras almas la nostalgia del paraíso.

En la antífona que se canta en la Comunión, tomada del evangelio del día, se pone de relieve la fidelidad con que Jesús ha cumplido su promesa. Había dicho que lo volveríamos a ver, y en efecto, no solamente lo volvemos a ver, si no que le tocamos y su sangre mezclada con nuestra vida, nos otorga vigor, juventud y alegría imperecedera, pues procede de una vida divina. En la oración de postcomunión, pedimos que así como el Sacramento de la Eucaristía es alimento espiritual para la vida eterna, nos sea también ayuda temporal para conseguirlo.

El término de la esperanza cristiana es el cielo. Las antiguas comunidades cristianas se autodenominaban "peregrinas en esta tierra": *Ecclesia Dei quae peregrinatur*. El evangelio de este domingo nos lo corrobora: en esta tierra, amarguras y lloros, mientras el mundo se alegrará. Pero al final, Jesús nos mostrará su rostro transfigurado y nuestra alegría no cesará. Sin embargo este contraste entre el mundo y nosotros no debe alimentar en nuestro corazón un sentimiento de odio o desprecio. No hay que odiar a nadie, nuestro deber es soportar a los malvados, esperando que suene la hora de la visita, como hoy subraya el apóstol Pedro, cuando la gracia de Dios triunfará sobre su voluntad rebelde.

Capítulo 24: Las Rogativas

Procesiones sacras en la Roma pagana

La alegría de la Cincuentena Pascual es interrumpida por las solemnes procesiones de penitencia (Rogativas): la Letanía Mayor, que tiene lugar el 25 de abril, fiesta del evangelista San Marcos, y las letanías menores que tienen lugar los tres días precedentes a la Ascensión.

La Letanía Mayor, llamada así desde tiempos de San Gregorio Magno, para diferenciarla de otras menos importantes o no tan antiguas, es netamente romana y es la heredera directa de las ***ambarvalia***, procesiones paganas que se realizaban a través de los campos durante la primavera, para rogar a los dioses el buen fin de la siembra. La más importante era la del 25 de abril. La procesión recorría la vía Flaminia y al llegar a la quinta milla, es decir al Puente Milvio, en un bosquecillo sagrado, el *Flamen Quirinalis* sacrificaba al dios Robigo los intestinos de un perro y una oveja. El Papa Liberio (352-366) para sustituir la ceremonia pagana fuertemente arraigada en el alma popular romana, pensó en transformarla en rito cristiano, manteniendo el antiguo itinerario de la procesión, pero sustituyendo el sacrificio pagano por una solemne estación en San Pedro.

Hay que destacar que originalmente esta letanía no era tenía el carácter penitencial que más tarde las rúbricas medievales le otorgaron y que aún mantiene: admitía el Gloria y el Aleluya en la misa y excluía el ayuno.

A finales del siglo XII la gran letanía romana no había perdido nada del antiguo esplendor: el Papa, con los obispos, cardenales y otros ordinarios, con la representación de todas las parroquias de la Ciudad, precedidas de sus cruces procesionales, partía descalzo desde Letrán y reposando durante el trayecto en alguna iglesia, llegaba hasta San Pedro para celebrar la Santa Misa.

Procesiones rurales de Rogativas: bendición de los campos y exorcismo contra las tormentas

La institución de las Letanías menores viene atribuida a San Mamerto, obispo de Vienne en el Delfinado, el cual en el año 470 después de un terrible terremoto y otras terribles calamidades que habían asolado aquella región, introdujo un ayuno de tres días que precediese a la fiesta de la Ascensión, acompañado de una procesión de letanías que recorría las iglesias de los suburbios de la ciudad. Parece ser que anteriormente ya existían ese tipo de procesiones, pero con poco espíritu de penitencia y pues con muchos desórdenes, por lo que habían caído en descrédito. La nueva procesión, por el doloroso impacto de cuanto había acaecido, y por la mejor organización que el santo obispo impuso, obtuvo una acogida muy favorable. Esta práctica se fue extendiendo por todo el imperio franco: Clermont-Ferrand, Orleans, Arles, imponiéndose un ayuno como el cuaresmal y prohibiéndose el trabajo servil. Sin embargo, a finales del siglo VII estas rogaciones no eran conocidas ni en Roma ni en Alemania ni en Inglaterra. En cuanto a España, Gerona el año 517 fue sede del concilio provincial, presidido por el obispo metropolitano de Tarragona que contó con la presencia de los obispos de Gerona, Ampurias, Barcelona, Egara, Lérida y Huesca. Este recomendó vivamente su introducción en las iglesias visigóticas, pero fiel al principio disciplinar que excluía el ayuno en tiempo pascual, fueron fijadas para los últimos tres días de la semana de Pentecostés: jueves, viernes y sábado. También la Italia septentrional, a causa también de su estrecha relación con la Galia, aceptó pronto las nuevas letanías. En Milán encontramos referencia en un Capitular del siglo VII. Otro Leccionario contemporáneo a este, procedente del norte de Italia, contiene incluso las perícopas evangélicas que deben leerse en cada uno de los tres días de Rogativas. En Roma finalmente fueron introducidas por el Papa León III (795-816) a principios del siglo IX. A partir de aquí, se convirtieron en una de las ceremonias litúrgicas más importantes, acaparando uno de los primeros puestos entre las predilectas del pueblo. Todos, reyes y súbditos, principales, magistrados, pueblo llano, ricos y pobres, participan con espíritu de sobria penitencia: algunos descalzos, con cilicio, sayal y cenizas en la cabeza.

Durante el recorrido campestre a través del término municipal se hacían estaciones en las capillas y ermitas, para aliviar el cansancio del camino o para edificar al pueblo con alguna lectura y predicación: se leían los últimos 10 capítulos del evangelio de Mateo, la 1ª Carta de San Pedro o todo el libro de Tobías. En la última estación de celebraba la Misa y se acababa el ayuno. No se regresaba a casa hasta el atardecer. En las iglesias rurales, los ágapes finales de la letanía, ya con carácter de clausura, las tradicionales c#scampagnate# italianas, adquirían un carácter lúdico festivo y folclórico.

Alta Italia: Rogativas en Valsassina (1960) y en Asiago (2012)

Respecto a los cantos interpretados en tales procesiones, sabemos que los salmos constituían la parte más importante: lo afirman explícitamente San Avito (+518) sucesor de San Mamerto en la sede de Vienne, y San Gregorio de Tours. Las Letanías de los Santos fueron introducidas más tarde. El ritual compilado por Enguilberto, abad de San Riquier prescribe: cantar salmos a coros alternos, después que la Schola cante el Credo de los Apóstoles y después el Niceno- Constantinopolitano, la profesión de Fe de San Atanasio (Fides), el padrenuestro y una letanía general. Después las Laudes por la prosperidad del pueblo, las letanías galas, itálicas y romanas. Sin duda las letanías debían ser el elemento eucológico preferido ya que con ellas el pueblo podía participar fácilmente.

Llegado el cortejo a una iglesia o capilla, se cantaba una antífona en honor al santo titular con su oración, y en la mayoría de casos se celebraba una misa propia cuyos textos estaban orientados a ilustrar la necesidad y eficacia de la oración, y siempre oraciones para implorar la bendición de los campos y los frutos de la tierra.

Capítulo 25: Domingos "Cantate" y "Vocem Jucunditatis"

Monjes cantando el introito *"Cantate"*

En los ordinarios medievales los domingos del tiempo pascual son denominados o con la palabra inicial del introito o con el apelativo de la perícopa evangélica que se lee en la misa.

Así el 1º después de Pascua es *"Quasi modo" (introito),* el 2º *"Misericordia"* (intr.) el 3º *"De modicum"* (evang.), este 4º *"Cantate"* (intr.) el 5º *"Vocem jucunditatis"* (intr.) y el 6º (después de la Ascensión) *"De rosa"* porque de lo alto de la cúpula del Pantheon (Sta Maria ad Martyres), donde tenía lugar la estación, se dejaba caer sobre el pueblo una lluvia de rosas simbolizando la próxima venida del Espíritu Santo en Pentecostés.

El introito del 4º domingo después de Pascua está tomado del salmo 97 "Cantad a Dios un cántico nuevo", eco de aquel canto nuevo que en su Victoria sobre la Muerte entonó Cristo inaugurando su vida de gloria y triunfo. En la colecta admiramos el prodigio de ver como por la santa fe una multitud de creyentes profesa un único símbolo de fe, alimentando un único ideal de salvación. Es por esa unidad de doctrina que el Señor se convierte en árbitro de nuestros corazones. Por eso le pedimos que dirija nuestro corazón a través de las vicisitudes de esta vida, tristes y alegres, para que pongamos nuestro amor en las alegrías verdaderas, es decir, en Dios. En la epístola, Santiago, primo hermano del Señor se enfrenta a las teorías gnósticas de su tiempo: el evangelio no es un conocimiento especulativo: ha de producir el fruto de las buenas obras. Por eso Lutero, al darse cuenta que el contenido de esta epístola, iba en contra de sus tesis, la suprimió del conjunto bíblico, denominándola "epístola de paja", es decir sin valor. Por eso el argumento de Santiago conserva todo su valor: el criterio para reconocer la verdadera Iglesia de Jesucristo es la recta fe unida a las obras virtuosas. Una moral que no tiene su cimiento en el dogma es como una casa edificada sobre arena. Sólo la Iglesia Católica por los frutos abundantes de santidad, amor y celo que produce, aparece como la única y legítima depositaria del mensaje del Salvador.

Este domingo hay que destacar la antífona del Ofertorio: "Jubilate Deo, universa terra" que es la misma que la del 2º domingo después de la Epifanía. Constituye una de las más exquisitas obras maestras del arte gregoriano. Si después de la Epifanía se invitaba a toda la tierra a admirar el prodigio de amor mostrado por Dios en la Encarnación del Verbo, cuanto más ahora que el Señor por su Resurrección ha asociado a la humanidad rescatada por la gracia a la glorificación final de Jesús.

El introito del domingo 5 después de Pascua (Is. 48,20) "Vocem jucunditatis" es un grito de júbilo que llega hasta los confines del mundo donde Cristo Muerto y Resucitado es anunciado como Redentor del género humano. En la oración colecta pedimos a Dios que nos inspire sentimientos conformes a la justicia y a la piedad, dándonos la fuerza de traducirlos en hechos. Esta la pequeña porción de gloria que pregustamos en el bien que hacemos. Las inspiraciones, la determinación de la voluntad libre, la ejecución de los buenos propósitos, nos vienen de Dios. Ante ello nos es requerida la cooperación con la gracia. Por eso debemos pedir la humilde sujeción a Dios y la desconfianza hacia nosotros mismos. Solo esa humildad puede marcar el ritmo de nuestras relaciones con Dios. En la epístola el apóstol Santiago nos pone en guardia contra la falsa piedad que todo lo basa en afectos sentimentales o ritos exteriores, sin una autentica auto-renuncia, sin obras. La verdadera religión es activa, se reconoce por las buenas obras. En el evangelio (Jn. 16,23-30) escuchamos un anuncio de la ida de Cristo hacia el Padre. Por su Ascensión, nuestra elevación a la dignidad de hijos de Dios, mediante la efusión del Espíritu Santo, se convierte en perfecta y completa. Jesús además intercede por nosotros en el cielo, testimoniando así su amor por nosotros, Mediador de nuestras relaciones con el Padre. Si el Padre nos ama y nos adopta como hijos, si nos predestina a la gracia y más tarde a la gloria, es en Jesús y por Jesús. *Per ipsum, et cum Ipso, et in Ipso, Est Tibi Deo Patri Omnipotenti in unitate Spiritus Sancti omnis honor et gloria.* Con esta doxología concluye la Iglesia la plegaria eucarística. En la oración sobre las ofrendas suplicamos a Dios que acoja las plegarias del pueblo fiel que acompañan las ofrendas presentadas por este en el altar como símbolo de su devoción. En la antigüedad cristiana, para que el sacrificio festivo que el obispo o el sacerdote ofrecía por todo el pueblo, representase incluso materialmente la ofrenda social de toda la comunidad de fieles, cada uno de los asistentes, sin excepción, incluido el Papa, presentaba en el altar su propia oblación. En Letrán solo los pequeños cantores del *orphanotrophium* musical lateranense (Schola Cantorum) estaban exentos, debiendo presentar el agua para mezclar con el vino en el cáliz del sacrificio eucarístico. En siglos posteriores, esta disciplina primitiva fue remplazada por el uso de ofrecer dinero (limosnas) para la misa, adquiriendo un tono fúnebre, pues la misa se ofrecía por tal o tal alma.

Procesiones coloristas de ofrendas

El rito de presentación de ofrendas reinstaurado en la reforma posconciliar no debería convertirse en una procesión más o menos colorista de símbolos, sino en un signo del cumplimiento del deber de los cristianos de socorrer con sus donativos a la Iglesia en las necesidades del culto y de sus ministros, y el sostenimiento de las obras de caridad y beneficencia de esta.

Capitulo 26: Ascensión del Señor y Domingo de Rosa

Aunque la solemnidad litúrgica de la Ascensión es menos antigua que la de Pentecostés, es sin duda una de las fiestas más importantes del año litúrgico. No encontramos testimonios documentales anteriores a San Eusebio que en el año 325, en una carta sobre la Pascua la denomina "día solemne". Las Constituciones Apostólicas la llaman con el nombre después común entre los griegos de "Asunción del Señor" (Ανάληψη του Κυρίου) Según todas las evidencias en el siglo V estaba ya universalmente difundida. Hacen mención San Juan Crisóstomo, San Agustín, San Avito de Vienne, San Máximo de Turín y San

León Magno en sus homilías. El canon la conmemora con el apelativo de "gloriosa". Los antiguos sacramentarios contienen varios formularios para la misa denominada *"in ascensa Domini"*: 6 el Leoniano, 2 el Gelasiano, una sola el Gregoriano, que es la actual.

No es descartable la hipótesis que la fiesta de la Ascensión estuviese unida, en un origen, a la fiesta de Pentecostés, la cual era para los Apóstoles la confirmación y el cumplimiento. Esta fusión era ciertamente un hecho en la Iglesia Madre de Jerusalén hacia el año 395 según el relato de la pelegrina Egeria. Ella narra como a los 40 días de la Pascua el pueblo fiel se daba cita en Belén en la basílica de la Natividad para celebrar la misa, sin dar ninguna referencia a la Ascensión. Sin embargo relata que a los diez días, en Pentecostés, el pueblo se congrega en la basílica de la Resurrección (Santo Sepulcro) para celebrar el oficio y la misa y como después se dirigen hacia el monte de los Olivos, pasando primero por la Iglesia del Padrenuestro (Eleona) para acabar en la Iglesia de la Ascensión (Imbomom) donde se cantan himnos y antífonas adecuadas "al lugar y al día". Posteriormente se vuelve procesionalmente por el mismo recorrido hacia el atardecer, con acompañamiento de antorchas y velas, para entrar triunfalmente en la ciudad de Jerusalén. La ida hacia el Monte de los Olivos estaría a representar a los apóstoles acompañando al Señor hasta el lugar de su Ascensión, mientras que la entrada litúrgica en Jerusalén de regreso simbolizaría la entrada triunfal de Jesús en la Jerusalén celeste para sentarse a la diestra del Padre. No hay duda de que toda esta liturgia en la fiesta de Pentecostés celebra y conmemora la Ascensión del Señor, siendo considerada esta como un apéndice de la de Pentecostés.

Iglesia del Eleona

Durante la Edad Media estuvo en uso en Roma, una procesión introducida con la intención de representar esa entrada triunfal de Jesús en el cielo. El Papa, solemnemente coronado, salía de San Pedro después de haber cantado los oficios nocturnos y celebrado la Misa en el altar del Apóstol, acompañado de los cardenales y el clero, y cantando los versículos del Versus de Teodulfo de Orleans "Gloria Laus", más acordes con esta festividad que con la del domingo de Ramos, y se dirigía a Letrán, llegando hacia la hora de sexta.

Iglesia de la Ascensión (Imbomom)

La misa de esta solemnidad está entretejida por los textos escriturísticos referentes al Misterio celebrado, y por los versículos de los salmos 46 y 67 que expresan el júbilo de los cielos por el triunfo de Cristo en su retorno al Padre. Todo es un himno jubiloso para alabar al Señor que con el esplendor de su majestad, como un rayo fúlgido de sol, entra en el esplendor de su gloria. El prefacio en su forma actual es el resultante de la fusión de dos prefacios del Leoniano, así como el *Communicantes*, aunque ligeramente corregido al parecer por el mismo San Gregorio.

Fave e pecorino, aún usados por el pueblo romano para celebrar el mes de mayo

.Una antiquísima costumbre romana, propia de la fiesta de la Ascensión, era la bendición de las habas, alimento popularísimo entre el pueblo romano, y que venía a simbolizar el conjunto de las primicias de los nuevos frutos. El sacramentario Gelasiano contiene la fórmula para se recitada después de las palabras "Per quem haec omnia…" a mitad del canon antes de la consagración, momento y lugar usual para todas las bendiciones de entonces. Esta bendición desapareció del Gregoriano, aunque la encontramos en algunos libros posteriores.

La rubrica de apagar el cirio después de la lectura del Evangelio es de San Pío V en el siglo XVI: originariamente el cirio pascual era retirado el domingo in Albis. En la catedral de Milán se hacía elevar el cirio pascual representando la subida a los cielos de Cristo. Y en Alemania se hacía cosa parecida pero con un Crucifijo.

Si bien la Iglesia latina, a diferencia de la griega, alarga hasta Pentecostés el tiempo pascual, los textos del Oficio y de la Misa de los días consecutivos están orientados a glorificar el triunfo de Cristo, que sentando su divina humanidad a la derecha del Padre, ha hecho partícipe a todo el género humano de la visión beatífica, así como a preparar los corazones de los fieles a la venida del Espíritu Santo.

Sancta Maria ad Mártyres

La celebración de una octava de la Ascensión es muy posterior, data del siglo XV. En los documentos romanos anteriores el domingo de la infraoctava es llamado sencillamente De Rosa. La estación asignada es el templo de Sancta Maria ad Martyres (Rotunda) es decir, el antiguo Pántheon construido por Agripa. Aquí el mismísimo Papa celebraba la misa y pronunciaba la homilía anunciando al pueblo la próxima venida del Espíritu Santo. Para dar una forma sensible al tema que se desarrollaba, mientras el Pontífice predicaba se hacia caer una lluvia de rosas, como figura del mismo Espíritu Santo, que caían sobre los fieles arrojadas desde la gran abertura central del edificio. La misa de este día es una preparación a la fiesta de Pentecostés: san Pedro en la epístola nos habla de los carismas del Espíritu y el relato evangélico contiene la promesa formal que de la venida del Espíritu Santo hizo Jesús en la Última Cena.

Capítulo 27: La Fiesta de Pentecostés

Para los hebreos, desde el tiempo de Moisés, la fiesta de Pentecostés o de las Semanas, como la llama el Pentateuco, porque se celebra precisamente siete semanas después de Pascua, tenía como fin el dar gracias a Dios por la cosecha de cereales, cuya recolección estaba a punto de terminarse; más tarde, la tradición rabínica añadió una conmemoración de la promulgación de la ley sobre el Sinaí, que tuvo lugar cincuenta días después de la salida de los hebreos de Egipto. Pero en la historia evangélica, la cincuentena pascual se significó por tres acontecimientos de capital importancia: la efusión prodigiosa del Espíritu Santo sobre los Apóstoles, la fundación oficial de la Iglesia y el inicio de su misión en el mundo. Estos grandes acontecimientos que conforme a la promesa del Salvador coronaron la obra de la Redención son pues el objeto de la fiesta cristiana de Pentecostés.

¿En qué tiempo la fiesta de Pentecostés fue introducida en el calendario cristiano? Tenemos una vaga referencia en San Pablo (1ª Cor. 16,8), pero si tenemos en cuenta que en la tradición judía, esta fiesta estaba íntimamente unida a la Pascua, tenemos que suponer de manera razonable, que esta era ya celebrada en los albores de la Iglesia o al menos en una época no muy lejana. Encontramos testimonios a principios del siglo II en la *Epistula Apostolorum* . Quizás en un origen tuviese poca importancia litúrgica y únicamente se conmemorase como conclusión del Tiempo Pascual. De hecho tanto Tertuliano como Orígenes hablan tan sólo en este sentido. Esto explica como a finales del siglo III en Hispania no se conociese o se celebrase la fiesta de Pentecostés, teniendo como costumbre acabar el tiempo pascual con la Ascensión, costumbre que mereció una reprimenda del concilio de Elvira del año 313. Eusebio de Cesarea, recordando que en ese día murió el emperador Constantino el Grande, llama a Pentecostés "El mayor día de todas las festividades".

Era natural por otra parte que la santa alegría del tiempo pascual debiese acentuarse particularmente en el último día, tanto más que esto tenía, como se dijo, especialísimas razones históricas para ser solemnemente conmemorado. Y es en verdad lo que constatamos en los escritores de los siglos IV y V. En Jerusalén, según cuenta la *Peregrinatio* de Egeria, las funciones se sucedían casi ininterrumpidamente desde la aurora hasta la media noche. San Juan Crisóstomo, en un sermón pronunciado en este día, exclamaba como en ese día se llegaba al culmen de todos los dones y frutos prometidos; y en otro pone de relieve la participación del pueblo, que no cabía en la iglesia: *"Dum enim sanctam Pentecostés celebritatem agimus, tanta concurrit multitudo ut magna hic locorum angustia laboretur"*. No de otra manera se expresan en Occidente San Ambrosio, San León, San Máximo de Turín y, sobre todo, San Agustín: "Celebramos el aniversario de la festividad de la venida del Espíritu Santo -comienza este santo Doctor- en la que debemos reunirnos para una solemne celebración con solemnes lecturas y sermón".

A este largo desarrollo de la fiesta de Pentecostés contribuyó, en primer lugar, el uso, que al principio del siglo IV comienza a imponerse casi como ley, de reservar a la vigilia nocturna de esta solemnidad la administración del bautismo a aquellos que por algún motivo no habían podido recibirlo en la noche de Pascua. La *Peregrinatio* calla sobre esta función bautismal suplente de Pentecostés, pero San Agustín y San León en sus sermones de este día se dirigen varias veces a los neófitos bautizados en la noche precedente. El servicio litúrgico era casi el de la vigilia pascual; una serie de cuatro lecturas (son 4 tanto en el Gelasiano como en el Gregoriano o en Amalario), intercaladas con cánticos y oraciones; la bendición de la fuente, seguida del bautismo y de la confirmación de los catecúmenos, y, por último, la misa. La bendición del fuego y del cirio fue en todas partes, excepción hecha de alguna iglesia galicana, excluida por el ritual. Después, hacia los siglos VIII-IX, encontramos que la función nocturna se anticipaba a la tarde del sábado, en algunas partes a la hora sexta, como en Italia, en otras, a la hora nona, según nos atestigua Amalario. Más adelante en el siglo XII, el XI Ord. Romano prescribe no cuatro, sino seis lecturas, número que ha quedado todavía en el misal.

El ayuno hoy prescrito en el sábado de Pentecostés, a pesar de la antigua disciplina, que lo excluía rigurosamente del tiempo pascual, es de origen incierto. Algunos creen que es una importación galicana. En Roma, en el siglo V, San León (+ 461) no lo conoce todavía. El más antiguo documento que alude a él es el Sacramentarlo Leoniano, el cual, en una serie de *"oraciones para antes de Pentecostés"*, habla dos veces del ayuno. También el gelasiano presenta una misa *In vigilia Pentecosten*, cuya segunda colecta es todavía más explícita: *Da nobis, quaesumus, Domine, per gratiam S. Spiritus, novam tui Paracliti spiritalis observantiae disciplinam, ut mentes nostrae, sacro purificatae jejunio, cunctis reddantur eius numeribus aptiores.*(Concédenos, te rogamos, Señor por la gracia de tu Espíritu Santo Paráclito, la nueva disciplina de observancia espiritual, para que nuestras mentes purificadas por el sagrado ayuno, nos haga más aptos para ser contados entre los suyos). El ayuno no aparece más en los textos del Gregoriano. Pero su observancia en este día fue siempre tenazmente mantenida en toda la Iglesia latina.

El Oficio Nocturno de Pentecostés como el de su octava se compone, como el de Pascua, únicamente de tres salmos y tres lecturas, porque el bautismo de los catecúmenos y la misa de la vigilia ocupaban buena parte de la noche, ya breve por la estación. Ese uso es sin embargo de origen galicano porque en la antigüedad Roma cantaba el habitual Oficio de 18 salmos y 9 responsorios. El uso galicano, el de solo tres salmos (47, 67 y 103) precedidos del Invitatorio y la antífona *Spiritus Domini*, fue adoptado por la liturgia romana a través del Oficio franciscano en el siglo XIII.

El himno *Veni, Creator Spiritus*, entre los más bellos de la liturgia, es atribuido a Rabano Mauro, abad de Fulda (+856), pero pertenece a un poeta anónimo de su tiempo. La melodía fresca y vivaz del que está revestido es la misma que la del himno pascual ambrosiano *"Hic est dies verus Dei"* atribuido a San Ambrosio.

La costumbre de cantarlo a la hora de Tercia, hora en que el Espíritu Santo descendió sobre los Apóstoles, fue primeramente introducida en Cluny por el abad San Hugo el Grande (+1109).

La misa del día con la estación en San Pedro ha tomado parte de los textos, el introito y también el ofertorio, del salmo 67 (68) *"Exurgat Deus"*, que por esa razón bien podría llamarse el salmo de Pentecostés.

La prosa *Veni, Sancte Spíritus*, llegada a nosotros con el noble título de "secuencia aurea", tiene probablemente como autor a Esteban de Langton, arzobispo de Canterbury (+1228). Sustituyó a otra no menos hermosa y popular el *"Spiritus Sancti adsit nobis gratia"* compuesta por Notker Balbulus (+912) El prefacio de esta solemnidad fue retocado y completado por San Gregorio en persona.

Lluvia de rosas en el Pantheon

Una característica costumbre medieval para el día de Pentecostés, presente en muchas iglesias de Italia y Francia desde al menos el siglo XII, era la de hacer llover pétalos de rosa, flores o bolitas de algodón encendidas a imitación de las lenguas de fuego caídas sobre los Apóstoles. En Roma, como dije, la lluvia se anticipaba al domingo precedente en la estación papal en el Pántheon siendo esta la causa que en muchas regiones de Italia esta fiesta es llamada con el graciosa apelativo de "Pascua rosada", *Sa Pasca de flores* de los sardos, mientras en nuestras latitudes preferimos el de "Pascua granada" por referencia a las espigas granadas ya en este tiempo. En otros lugares movidos por un exceso de simbolismo, se soltaban palomas que revoloteaban por el templo. Una rúbrica del ordinario de Rouen dice que al comenzar el Veni Creator se suelten sobre el coro hojas de encina, nubes de azúcar (*sucre filat* en catalán) y barquillos de sabores. En otros lugares como en la Liguria o en la región de Emilia, estos dulces se colgaban en un árbol que se colgaba de la cúpula el día de Pentecostés, dejándose por toda la octava y que después eran distribuidos entre los fieles.

Siena, Cento y Nursia celebran con el Palio la Pascua Rosada-Barquillos de Pentecostés

En la plaza del Duomo de Orvieto tiene lugar la tradicional *festa della Palombella*: acompañada de un repicar solemne de campanas, una paloma blanca que representa al Espiritu Santo, atada con cintas rojas a una corona de rayos desciende a un baldaquino gótico adornado con guirnaldas donde se colocan unas estatuas policromas de madera representando a María y al Colegio

Apostólico en tamaño natural. Cuando llega la paloma, una llamita enciende la traca y los morteros imitan el temblor de tierra de Pentecostés.

Fiesta de la Palombella en la Plaza de la Catedral de Orvieto, el día de Pentecostés.

En un origen con la fiesta de Pentecostés se concluía el ciclo pascual; de una octava no encontramos ni una palabra antes de la 2ª mitad del siglo VI, en que el Gelasiano la recoge. En las Constituciones Apostólicas, es cierto, se exhorta celebrar después de Pentecostés *una semana*, pero no parece muy difundida la práctica, pues en Jerusalén y en Occidente es aún un uso desconocido en el siglo V. La octava de Pentecostés fue añadida no tanto como dice Amalario para honrar los siete dones del Espíritu Santo, como para emular la grande semana de Pascua: se prohibieron trabajos serviles y los juicios, y el ayuno de las témporas de verano, antiguamente colocado en esta semana, fue colocado en la sucesiva. Hubo mucha disensión en este particular así como en cuando se concluía la octava, algunos lo hacían el sábado otros el domingo, siguiendo el calco de la fiesta de Pascua. Prevaleció este uso hasta que el oficio de la octava de Pentecostés fue sustituido por la nueva fiesta de la Santísima Trinidad.

Capítulo 28: La Fiesta de la Santísima Trinidad

Toda la liturgia en la expresión cotidiana de la oración, y muy especialmente en el oficio dominical, quiere ser un recordatorio y a la vez un homenaje al misterio de la Santísima Trinidad. Por eso la antigua Iglesia Romana no pensó en instituir una fiesta especial en honor de la Santísima Trinidad; antes bien, cuando una celebración de esa índole empezó a propagarse en los territorios transalpinos, encontró la neta desaprobación de la Santa Sede. El Papa Alejandro III (+1181) en una carta al obispo de Terdón escribía: "Algunos han adoptado la costumbre de celebrar la fiesta de la Santísima Trinidad el día de la octava de Pentecostés, otros en el último domingo del año eclesiástico. La Iglesia romana no adopta tal uso". Y explica el motivo: "Porque todos los domingos, incluso cada día, se celebra la memoria". Antes del Papa, y por el mismo motivo, se habían opuesto decididamente, Bernoldo de Constanza

(+1100), Potón de Prüm (+1152) y más tarde Sicardo de Cremona (+1215).

Pero la desaprobación papal no frenó al movimiento popular en favor de la nueva fiesta, especialmente en Francia y Alemania, porque el Papa aviñonés Juan XXII en el 1334 la aprobó y la extendió a la Iglesia Universal, manteniéndola en el domingo de la octava de Pentecostés. El primer Ordo Romano que hace referencia a ella es el XVº, redactado por Amelio (+1399): "En la fiesta de la Ssma. Trinidad, que es en la octava de Pentecostés, se usan ornamentos blancos".

El abad Alcuino de York en un retrato del siglo IX

No resulta claro por qué se eligió este día. Hay que recordar que en tiempo de San León Magno (440-461) en razón de las Témporas entonces celebradas en la semana de

Pentecostés, el domingo era *vacante,* como todos los domingos posteriores a las grandes vigilias nocturnas. Pero a principios del siglo VI, al surgir la tendencia a alargar la fiesta de Pentecostés con una semana- octava según el modelo de la semana pascual, en razón del carácter penitencial de las témporas, estas fueron trasladadas a un momento posterior; y para el domingo, por evidentes influencias bizantinas, se fijó una fiesta de todos los Santos, parecida a la que celebraban y aún celebran los Griegos. Tuvo sin embargo una corta duración, porque San Gregorio Magno al parecer la suprimió y devolvió las Témporas a su lugar original, a pesar de que los libros litúrgicos post-gregorianos presenten un cierto titubeo al respecto. El domingo después de Pentecostés volvió a estar vacante, y como tal era considerado aún en el 1275, según reza en el Ordo XIII: "El primer domingo después de Pentecostés, que carece de octava, se reza el oficio diurno y nocturno tal como se contiene en el Ordinario, y se usa el color   verde".

Esta es la razón por la que muchas iglesias, no teniendo la misa de ordenaciones en el sábado de Témporas, tuvieron que proveerla de un formulario para la misa, y encontraron cómodo elegir aquel formulario *De Sancta Trinitate* que Alcuino (+804) en la serie de misas semanales compuestas por él y enviadas en la "carpeta anexa del misal" (*chártula missalis)* a los monjes de Fulda. El paso de la misa votiva a la fiesta, no fue difícil, especialmente para los monasterios, tanto que muchos misales monásticos a partir del siglo XI, denominan al domingo después de Pentecostés como *festum S. Trinitatis.*

Antífonas de la fiesta, compuestas por Esteban de Lieja

Precisaremos diciendo que Esteban, obispo de Lieja (+920) es considerado como el primero en instituir la susodicha fiesta en aquella ciudad, más tarde extendida a toda la diócesis por su sucesor Ricardo. Fue Esteban de Lieja sin duda el compositor del Oficio en honor a la Santísima Trinidad aún en uso en la Iglesia Latina. No resulta pues exacto considerar, como frecuentemente se ha hecho, al franciscano Juan Peckham, arzobispo de Canterbury (+1292) como su autor, pues Bäumer encontró el texto en un manuscrito de Einsiedeln de un siglo anterior a él.

El Oficio es muy peculiar, caracterizado por la variedad de formas literarias empleadas por su autor: algunos textos están compuestos en prosa ordinaria, tomados de pasajes de la Escritura; otros según las leyes de la poesía métrica clásica, otros según la rítmica medieval, otros en rima consonante final.

Capítulo 29: La fiesta de Corpus Christi

En el tiempo en el que los nuevos sacerdotes ofrecen a Dios las primicias de su ministerio, y las espigas que proporcionarán la harina para el Santo Pan están en flor, la Iglesia celebra una de las fiestas más populares, el Corpus Christi, en honor del Santísimo Sacramento de la Eucaristía.

Sus orígenes hay que buscarlos en aquel exuberante germinar de devoción eucarística que por doquier se constata en los albores del segundo milenio; y quizás de manera más inmediata debido a las revelaciones de la beata Juliana de Rétine, priora del monasterio de Mont-Cornillon cerca de Lieja (1193-1258) y al milagro eucarístico de Bolsena.

Juliana de Retine, revela las visiones que ha tenido: veía un disco lunar rodeado de rayos de luz de resplandeciente candor; en uno de los lados, sin embargo, se apreciaba una superficie oscura que deformaba el disco. El Señor explicó a Juliana que se trataba de la Iglesia, a la que todavía le faltaba una solemnidad en honor del Santísimo Sacramento. Juan de Lausanne, canónigo de Lieja y su director espiritual de la religiosa, habiendo obtenido el juicio favorable de diversos teólogos sobre tales revelaciones, entre los que se encontraban el provincial de los dominicos, Hugo de Thierry y el arcediano de Lieja confidente de Juliana de Cornillon, Jacques Pantaleón de Troyes, que llegó más tarde al Pontificado con el nombre de Urbano IV. Este insistió al obispo de Lieja Roberto de Thorote para que introdujese en su diócesis la festividad. El obispo accedió y se introdujo la fiesta en Lieja en 1246, el jueves de la octava de la Trinidad.

Mientras tanto, Hugo de Thierry convertido en cardenal y Legado de la Santa Sede en Flandes, confirmó la fiesta en el año 1252 prescribiéndola al clero y a los obispos de su circunscripción, donde se había introducido.

Milagro de Orvieto

Un poco más tarde, en el año 1261, habiendo subido al trono pontificio Urbano IV, el susodicho arcediano de Lieja, recibió la suplica del obispo flamenco de su ciudad para que extendiese la fiesta a toda la Iglesia Universal. El papa titubeó pero finalmente lo hizo a instancia de un milagro acaecido en Orvieto (Italia): un sacerdote que sentía dudas acerca de la presencia real, celebrando en la iglesia de Santa Cristina había visto la hostia convertirse en carne sangrante que caía en el corporal, conservado aún en Orvieto, manchando también la mensa del altar y algunas piedras del pavimento. El papa quiso ver aquel corporal, que le fue llevado con gran pompa el 19 de junio de 1264, tras lo cual lo mando conservar honrosamente tras construir un templo en su honor donde se custodiase celosamente. Aquel prodigio venció cualquier duda del Papa que con fecha 11 de agosto de 1264, desde la mismísima ciudad de Orvieto, publicó la Bula *Transiturus de hoc mundo,* con la que instituía en toda la Iglesia la fiesta de Corpus. Pero su muerte, dos meses después, impidió que el decreto tuviese la eficacia deseada. Fue Clemente V, cincuenta años más tarde (1312) el que reconfirmó la Bula insiriéndola jurídicamente, dándole así valor canónico. Es sólo entonces que vemos florecer esplendorosamente la festividad en toda la Iglesia. En Italia la adoptaron los benedictinos, en Génova, en Nápoles, en Bolonia y en Milán.

Relicario de Orbieto

En la bula que establecía la fiesta, aunque parece suponerla, no se prescribía la procesión en honor del Santísimo Sacramento, que no obstante se estableció después espontáneamente y se extendió con gran rapidez por Alemania, Francia, toda Italia y España.

Al final la procesión se convirtió en el capítulo más brillante de la fiesta, ya que esta vez el celo del clero, la fe ardiente del pueblo sencillo, secundado por sus gobernantes, puso al servicio de la fe todo lo que encontró de pomposo, rico, sumamente decorativo, todo al servicio del Rey de la Gloria, para hacer más triunfal su paso por las calles de los barrios y de las ciudades, escoltado de filas compactas de creyentes y de la representación en cortejo de la nobleza, los gremios y las instituciones civiles. Los anales documentales de las principales diócesis del mundo rebosan de hermosas páginas que dan testimonio de ello.

El Santísimo en un primer momento era llevado en copones

cilíndricos o hexagonales, cerrados y con conopeo. Más tarde se quiso poder observar la Hostia consagrada y se confeccionaron custodias y ostensorios de las más variadas formas. Cruces con incrustación de piedras preciosas, cristal de lupa para agrandar la Sagrada Forma, estatuillas del Resucitado llevando la Hostia en lugar del Corazón, tronos con la Virgen mostrando a Jesús Eucaristía para la adoración, imágenes de San Juan Bautista que en lugar de mostrar el Cordero dirigía su dedo hacia las Sagradas Especies. Sagrarios de cristal con transparencias o arcones de plata como el que hicieron construir los concejales de Génova en 1553 que aún llevan turnándose ocho sacerdotes.

Arcón Sacramental de Génova

Normalmente la procesión salía por la mañana después de la Misa Mayor, como estaba prescrito por el Pontifical. Era de larga duración, realizando varias estaciones en las iglesias del recorrido, o con altares domésticos para bendecir grupos de personas o de enfermos que encontraba por el camino.

El primer oficio del Corpus, por solicitud de la beata Juliana, fue compuesto por un agustino de Lieja, un tal P. Juan, pero su uso permaneció fiesta, dio el encargo de componer el Oficio a Santo Tomás de Aquino, que había seguido a la Curia Pontificia hasta Orvieto, enseñando allí Teología. Escogió los textos, compuso las oraciones, la secuencia *Lauda Sion,* así como los 3 bellisimos himnos *Pange Lingua, Sacris Solemnis* y *Verbum supernum* y el motete *Adoro te devote.* En lo que se refiere a los responsorios de Maitines y algún otro texto de menor importancia, parece ser que utilizó un Oficio eucarístico que usaban los cistercienses antes de la institución de la fiesta.

Hay que señalar que los conceptos desarrollados en las tres oraciones de la Misa (colecta, secreta y comunión) corresponden a la triple división escolástica que Santo Tomás realiza en la *Summa Theologica* con respecto al Sacramento eucarístico. Él ve en la Eucaristía un triple simbolismo: a) con respecto al pasado en cuanto memorial de la pasión de Cristo b) en referencia al presente como expresión de la unidad del cuerpo de la Iglesia, de donde el concepto comunión par indicar nuestra unión con Cristo y los hermanos c) con respecto al futuro, siendo prenda de la posesión que alcanzaremos con la visión en la patria del cielo. Estos tres aspectos forman el tema de las tres oraciones de la Misa, triple concepto recogido en la antífona del Magníficat *O sacrum Convivium:* a) *recolitur memoria* (pasado: se celebra la memoria), *mens impletur gratia* (presente: el alma se llena de gracia) c) *futurae gloriae nobis pignus datur* (futuro: se nos da en prenda la gloria futura)

Capítulo 30: La Fiesta del Sagrado Corazón de Jesús

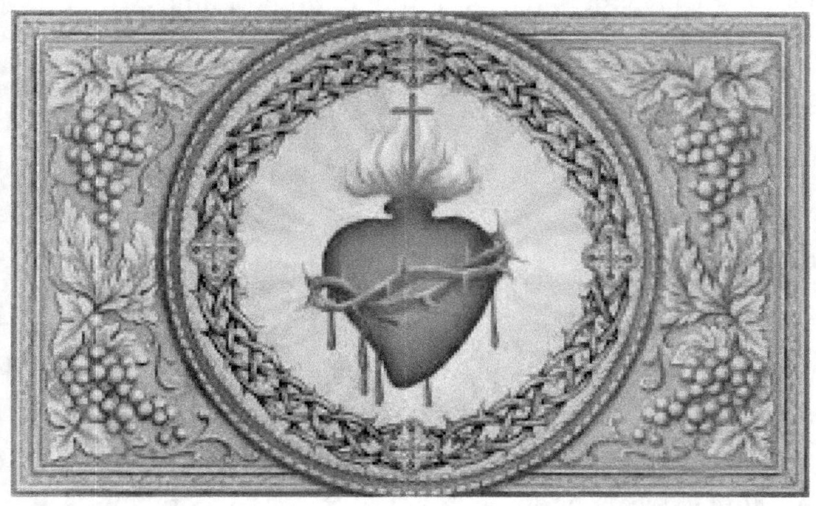

El culto al Sagrado Corazón no nació en el siglo XVII, como algunos piensan, como resultado de las conocidas revelaciones de Santa Margarita María de Alacoque, si no que se remonta muchos años atrás, a la época en que los escritores místicos medievales, tanto alemanes como franceses (y entre estos San Bernardo) enfervorecían a las almas con la Pasión de Cristo, poniendo en relieve las escenas más dolorosas y especialmente las llagas de las manos, los pies y el costado (el corazón) traspasado por la lanza del centurión romano.

La devoción al Corazón traspasado de Jesús era común en el monasterio de Helfta en Sajonia donde vivían Santa Matilde y Santa Gertrudis (+1302); y en aquella época estaba muy difundida en Alemania en las comunidades dominicas de Colmar y Schonensteinbach, y en las cartujas de Trier, Estrasburgo y de Colonia, difundiéndose fuertemente entre el pueblo. En Italia,

Santa Ángela de Foligno habla frecuentemente de esta en el *Libro de sus visiones*. No faltaban tampoco las imágenes que representaban al Corazón traspasado por la Lanza, o solo, coronado por las siglas IHS, o circundado de llamas, o rodeado de las dos manos y los dos pies traspasados.

Los himnos y los cantos en honor del Corazón de Jesús gozaban de gran popularidad entre sus devotos: se hizo famoso el compuesto por el beato Germán, arzobispo de Colonia (+1241) en forma de poema de tres estrofas *"Summi Regis Cor aveto"*.

Con el descubrimiento de América la devoción al Sagrado Corazón encontró un nuevo campo de difusión a través de la propaganda de los misioneros jesuitas. Fue en Guarapari en Brasil (diócesis de Espíritu Santo) donde en el año 1585 se erigió la primera iglesia del mundo en honor al Sagrado Corazón de Jesús.

Iglesia Madre de Guarapari construida por el jesuita P. José de Anchieta en 1585

Como vemos pues, la devoción al Sagrado Corazón, aunque permaneciendo en el ámbito de una devoción privada, mostraba una tendencia a ser cada vez más universal, reclamando el reconocimiento oficial de la liturgia.

Esto aconteció en Francia, que por obra de San Juan Eudes conserva el honor de haber inaugurado el culto publico al Sagrado Corazón. El P. Eudes obtuvo que el obispo de Rennes con fecha 8 de marzo de 1670 concediese a las casas de la congregación religiosa por el fundada la facultad de celebrar solemnemente cada año la fiesta del Corazón de Jesús el día 31 de agosto, usando el Oficio y la Misa compuestas por él mismo.

San Juan Eudes y Santa Margarita María de Alacoque, apóstoles corazonistas.

El ejemplo del obispo de Rennes fue imitado rápidamente por otros franceses: Evreux, Coutannes, Rouen, Lisieux y en otras muchas diócesis de Italia y Alemania. Destaquemos que el tenaz apostolado del P. Eudes en favor de la devoción al Corazón de Jesús es anterior a la época de Santa Margarita. Cuando en 1670 obtuvo el reconocimiento oficial, Santa Margarita María de Alacoque no había aún entrado como religiosa en Paray-le Monial. Reconozcamos sin embargo que a aquel primer impulso eudesiano que irradiaba en la Iglesia y especialmente entre el clero francés, magnifica propaganda para el culto al Corazón de Jesús, se añadió un segundo impulso, no menos eficaz, como consecuencia de las revelaciones del Señor a la religiosa de la Visitación en Paray (+1690). De aquí partieron las primeras propuestas a la Santa Sede para la institución de una fiesta universal para toda la Iglesia. Fueron hechas en 1687 y 1697 y especialmente en 1729, siendo promotor de la causa, con éxito negativo, el cardenal Prospero Lambertini que más tarde se convertiría en el papa Benedicto XIV (1740-1758). La cuestión aún no estaba madura.

Sin embargo en 1765, bajo Clemente XIII, la causa fue retomada por iniciativa de los obispos de Polonia, y esta vez resulto favorable. La fiesta del Sagrado Corazón de Jesús fijada para el viernes después de la octava de Corpus Christi, entraba oficialmente en el ciclo de las fiestas cristianas.

Los textos del Oficio y de la Misa compuestos *ex novo* trataban de resaltar que bajo el simbolismo del Corazón se quería glorificar la caridad de Cristo que le había empujado a sufrir y a morir por los hombres e instituir para ellos el Sacramento de la Eucaristía.

La idea, precisa y exacta, sin embargo daba juego a los adversarios a la devoción al Corazón de Jesús, para afirmar que la Iglesia entendía únicamente honrar el Corazón de Cristo de una manera espiritual y metafórica, y no su Corazón carnal. A causa de esto, y para precisar mejor el pensamiento de la Santa Sede, la Sagrada Congregación de Ritos compuso en la persona del cardenal Boschi, y aprobó con fecha 21 de enero de 1778, otro formulario para la Misa y el Oficio, donde se precisaban mejor los términos. Del invitatorio *Christum pro nobis passum, venite adoremus* (Venid adoremos a Cristo que padeció por nosotros) se pasó al *Cor Jesu, charitatis victimam, venite adoremus* (Venid adoremos al Corazón de Jesús, victima de caridad). Los dos oficios permanecieron simultáneamente en vigor hasta la promulgación de los textos definitivos de Pío XI, que abolió ambos precedentes.

Pío XI y el Templo del Sagrado Corazón de Jesús en el Tibidabo-Bcn

Ulteriores etapas en la evolución litúrgica fueron las siguientes: en 1856 Pío IX la extendió a toda la Iglesia Universal; la consagración de todo el genero humano al Sagrado Corazón compuesta por León XIII en 1899, prescrita posteriormente por San Pío X para cada año en el día de la festividad, la elevación de la solemnidad al rango de 1ª clase con octava privilegiada, realizada por Pío XI en 1928, que al nuevo formulario antes mencionado añadió el Prefacio propio. Un examen comparativo de estos textos con los dos oficios anteriores muestra que la nueva composición litúrgica más que subrayar el recuerdo de la Pasión que hacía el primero, o el infinito amor de Cristo que hacía el otro, lo que hace es subrayar el concepto de Reparación debida por los fieles por las culpas cometidas en relación con la Eucaristía (oración colecta: *Ut illi devotum pietatis nostrae praestantes obsequium, dignae quoque satisfactionis exhibeamus officium-* Al ofrecerle el devoto obsequio de nuestra piedad, le ofrezcamos también el obsequio de una digna reparación).

Capítulo 31: El tiempo Ordinario o Después de Pentecostés

El periodo que desde Pentecostés se prolonga casi seis meses hasta el Adviento, ha sido el último y el más lento a recibir una organización litúrgica a falta de un misterio particular cuya celebración pudiese servir de centro referencial. El Leoniano no conoce aún ningún sistema para este periodo, propone sólo una copiosa colección de formularios genéricos por misa, entre los cuales el celebrante podía escoger a su capricho (45 formularios sólo para el mes de julio). Trece de ellos se encuentran en nuestro misal.

El Gelasiano deja entrever una primera fase de asentamiento: contiene una serie de dieciséis misas dominicales (orationes et preces... per dominicis diebus), verdadero tesoro eucológico, que, a una venerable antigüedad de redacción, une una profundidad de doctrina y un vigor de expresión verdaderamente admirable. Las dieciséis misas corresponden a las actuales *post Pentecosten* de la quinta a la vigésima.

Una regular organización de este ciclo se encuentra por primera vez en el evangeliario de Murbach (segunda mitad del siglo VIII). La serie de las misas post-pentecostales (todavía mezcladas con santorales) está dividida en semanas, agrupadas alrededor de la fiesta de algunos santos más sobresalientes. Las encontramos así: dominicas ante nat. Apostolorum (SS. Pedro y Pablo), post nat. Apostolorum post nat. S. Laurentii, post nat. S. Cipriani o bien post nat. S. Angeli (S. Miguel), como indica el *Comes Alcuini.*

Con los Gelasianos del siglo VIII, seguidos del Gregoriano de la época carolingia, se abandona este sistema de secciones semanales para adoptar el que desde entonces quedará como único, "dominicas después de Pentecostés." Pero aquí se nota una divergencia, aunque más bien aparente que real. Algunos cuentan veintiséis domingos *post octavam* Pentecostés, computándolos desde la octava; otros, en cambio, veintisiete, computándolos desde la fiesta post Pentecosten, la denominación que prevaleció después.

En este ciclo, la serie de las dieciséis misas del antiguo fondo Gelasiano comienza después de los Santos Apóstoles (29 de junio), como punto fijo de partida con la dominica sexta *"Deus qui*

díligentibus" mientras para el período precedente, que era siempre fluctuante (domingos del primero al quinto) en relación a la fecha movible de Pascua, se elegían algunos formularios sacados de las misas pascuales y de otras partes.

Después de la supresión de la misa gelasiana *"Timentium"*, después del siglo X, atribuida en un principio a la octava de Pentecostés, y de la *"Deprecationem"*, que los sacramentarios gelasianos del siglo VIII ponían en el domingo sexto, toda la serie de los domingos quedó desplazada hacia adelante en una unidad, de manera que la misa *Deus qui díligentibus* se encuentra hoy en la quinta dominica en vez de la sexta, y así sucesivamente todas las demás.

En cuanto a los textos epistolares de estas dominicas, conviene advertir que en las cinco primeras continúa la lectura de las cartas católicas, iniciada el viernes después de Pascua (San Pedro, Santiago, San Juan); con la sexta, es decir, después de la fiesta de los Santos Apóstoles, comienza la lectura de las cartas de San Pablo en el orden de la Vulgata: Rom., 2 Cor., Gal., Ef., Fil., Col… Es un claro vestigio de la antigua *lectio* continua. Una cosa parecida sucede con las perícopas evangélicas. Después del evangelio de San Juan, cuya lectura termina con la octava de Pentecostés, viene la serie de los Evangelios sinópticos, comenzando por San Mateo, y más especialmente los capítulos que forman la segunda parte de estos tres Evangelios, porque los primeros capítulos habían sido leídos ya en las dominicas después de la Epifanía.

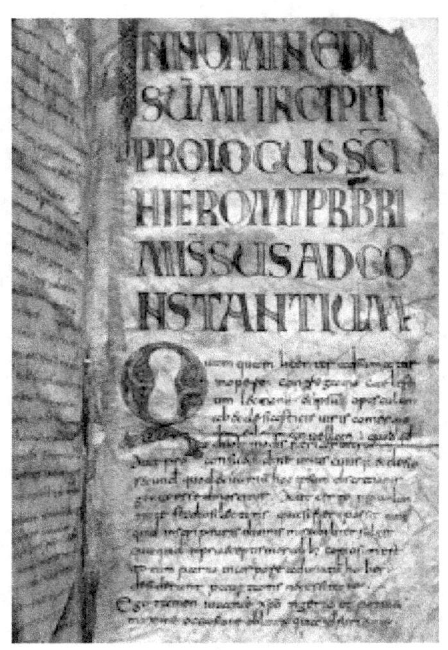

Página del Leccionario de Murbach

El *Comes de Murbach* (s.VIII) nos presenta ya el cuadro casi completo de las lecturas según el actual misal romano. Consta de veinticinco dominicas desde Pentecostés. La serie de las epístolas concuerda plenamente con la que está todavía en uso; en cambio, la serie de los evangelios ha sufrido una transposición; el evangelio de la sexta dominica pasó, como se ha dicho, a la quinta; el de la séptima, a la sexta, y así sucesivamente.

En cuanto a las partes cantadas, se puede apreciar una substancial uniformidad entre el antifonario gregoriano y nuestro misal, pero también aquí hubo desplazamientos. Por lo que respecta a los graduales en particular, hay que señalar el hecho de que en el antifonario de Senlis (s.IX) se encuentra indicada una doble serie de graduales en las dominicas después de Pentecostés.

Con la reforma litúrgica de 1969 desapareció la enumeración de los domingos de este ciclo tomando como referencia la fiesta de Pentecostés y unificándolos (¡es un decir!) en un ciclo único con los de después de Epifanía (denominación también desaparecida): todos ellos pasaron a llamarse "Per Annum", del Tiempo Ordinario, en catalán del "Temps durant l'any". El color de los ornamentos litúrgicos siempre fue y sigue siendo el verde.

Capítulo 32: Las fiestas de San Juan Bautista

Primitiva tumba de San Juan B. en Sebaste (Samaria)

Los sucesos prodigiosos verificados en el nacimiento de San Juan Bautista, su dignidad de profeta del Altísimo, de ángel precursor; la proclamación de su eminentísima santidad, hecha por el mismo Jesucristo; su glorioso martirio, lo hacían acreedor, sin duda, de la veneración de toda la Iglesia. En efecto, su culto, a diferencia de los otros, estrictamente locales, se nos presenta desde el siglo IV con carácter universal. Constantino le dedica una basílica en Ostia, en Albano, en Constantinopla y el famoso Baptisterio Lateranense, que sucesivamente dio el nombre a la vecina basílica del Salvador y a la mayor parte de los baptisterios antiguos. Al final del siglo IV se encuentran señales de su culto en Siracusa y en Turín, en Campania, en Egipto, en África y en Palestina, donde en Sebaste eran veneradas sus reliquias, dispersas después bajo Juliano el Apóstata.

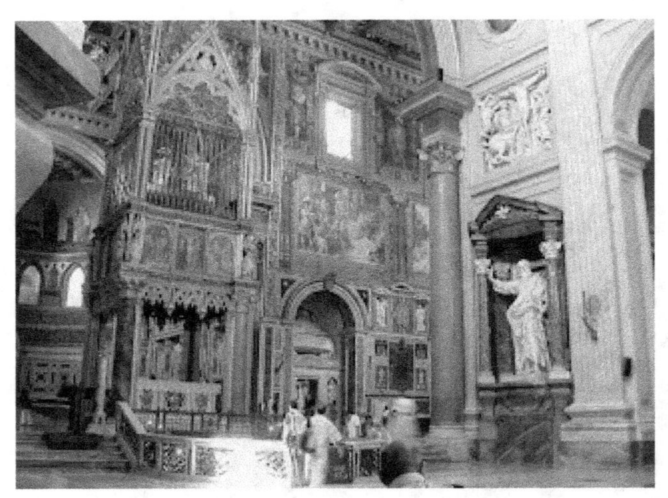

Altar Mayor de San Juan de Letrán

Su fecha festiva más antigua que nosotros conocemos es la del 24 de junio, atestiguada por numerosos sermones de San Agustín: *Solos dúos natales celebrat Ecclesia, huius et Christi* (sólo dos natividades celebra la Iglesia, la de éste y la de Cristo) e instituida, según subraya, desde hacía tiempo, *maiorum traditione accepta*. Pero, como justamente opina Duchesne, en un principio debió de existir primero otra fiesta, fijada en enero, en relación con el Bautismo del Señor (Epifanía). El uso armeno nestoriano y el bizantino, como también el acróstico del papiro litúrgico de Fajium (s.IV), señalado con la fecha del 5 de enero, podría servir de prueba.

Y así como, según las palabras del ángel a María, el nacimiento del Bautista precedió en seis meses al de Jesús, no hay duda de que la fecha del 24 de junio haya sido instituida después y en relación con la de la Navidad de Cristo. Efectivamente, la fiesta natalicia, cayendo el 25 de diciembre, habría hecho poner la de San Juan el 25 de junio; pero porque Navidad en la fecha latina era *VIII Kal. Januarii*, análogamente se fijó el nacimiento de San Juan en el *VIII*

Kal. Julii, que corresponde al 24 de junio, porque este mes, a diferencia de diciembre, tiene sólo treinta días.

Presuntos cráneos del Bautista en Roma (S. Silvestre in Capite) y Amiens

El culto del Precursor en Roma y en Occidente adquirió en seguida importancia extraordinaria. En la ciudad se contaban por lo menos veinte iglesias dedicadas a él; veintitrés papas han tomado su nombre simple, dos lo han hecho como compuesto. En las Galias, su fiesta estaba precedida de dos semanas de ayuno, como en Oriente; y en el 505, el concilio de Agde la equiparaba, como única entre las fiestas de los santos, a la de Pascua y a la de Pentecostés. El sacramentario leoniano contiene para este día cinco misas; la primera, para la vigilia, con ayuno, *exhibentes solemne ieiunium*, dice el prefacio; la segunda y la cuarta, para la fiesta; la tercera, titulada *ad Fontem*, para la sinaxis, que debía celebrarse en el baptisterio; era, en suma, un día poli-litúrgico, a semejanza de Navidad; la Navidad del verano. El uso de cantar este día más de una misa duró mucho tiempo en la Iglesia latina, probablemente hasta fines del siglo XI. El gregoriano tiene tres, comprendida la vigilia, que en el alto Medievo debía decirse al atardecer, al cerrarse el solemne ayuno. La segunda tenía lugar *de nocte,* después del canto del doble oficio matutino; la tercera, en el día. Era una feliz imitación de la análoga costumbre natalicia, que Alcuino interpretaba así: *Tres missae celebrantur in festivitate S. Ioannis, quia tribus insignibus triumphis excellenter refulsit, officio Praecursori, baptistae ministerio, et quia Nazaraeus ex útero matris remansit.* (Se celebran tres misas porque por tres insignes triunfos resplandeció excelentemente: su oficio de Precursor, su ministerio de Bautista y porque desde el seno de su madre permaneció Nazareo, esto es consagrado a Dios)

Falò (fogata) en el centro de Génova ante el cual se piden deseos

Esta solemnidad, acompañada por todas partes de usos populares a veces también supersticiosos, se mantiene casi inalterada hasta nuestros días. Dejó de ser fiesta de precepto con la reforma introducida por el Código Canónico. Los himnos sáficos asignados por el breviario a esta fecha son del monje casinense Pablo Diácono (+ 799), historiador muy conocido del siglo VIII, el cual los compuso en honor del Bautista, titular de la iglesia de

Montecassino. Añade después la leyenda que un Sábado Santo, mientras él se preparaba a cantar el *Exultet,* se vio aquejado de afonía, y compuso aquellos versos en la esperanza de que se renovase en él el prodigio que se cumplió en el padre de San Juan Bautista. De uno de los himnos, más tarde, Guido de Arezzo (+ 1050) fue el primero que derivó los nombres de las notas musicales: *UT (después convertido en DO)-RE-MI-FA-SOL-LA-SI*

La Iglesia latina celebra el 29 de agosto otra fiesta en honor del Bautista, la Degollación o, como nota el gelasiano, *la Passio.* Es imposible decir si es éste el día aniversario de su martirio. El Venerable Beda creía que la fecha del 29 recordaba la *inventio*, el hallazgo de la cabeza del Precursor, que tuvo lugar en Cosilao, junto a Calcedonia, poco antes del 391; pero, por el contrario, es el aniversario de la dedicación de una iglesia en Sebaste, la antigua Samaría, hacia la mitad del siglo IV, en la cual se veneraba la tumba del Precursor y la del profeta Elías. La fiesta no era conocida por San Agustín, pero se encuentra celebrada en las Galias y en España en el siglo V; falta en el sacramentarlo Leoniano, pero se encuentra en el Gelasiano.

Algunos antiguos calendarios orientales recuerdan una tercera fiesta del Bautista, la de su concepción, la cual en un tiempo fue también admitida en Nápoles, España e Inglaterra. Hoy ha quedado solamente en el calendario de la Iglesia bizantina, el 23 de septiembre.

Capítulo 33: Los Santos Apóstoles Pedro y Pablo

Medallón con las efigies de los SS. Pedro y Pablo. S. II

La Iglesia Romana nunca separa a los dos grandes Apóstoles de Roma, San Pedro y San Pablo: cuando celebra al Príncipe de los Apóstoles, recuerda al Doctor de los Gentiles, y festejando a San Pablo hace mención de San Pedro.

Los testimonios más antiguos de la Urbe asocian a ambos en los mismos honores litúrgicos, siguiendo aquel pensamiento común a los santos Padres según el cual los dos fundadores de la Iglesia de Roma no debían jamás separarse. El medallón de bronce conservado en el Museo de la Biblioteca Vaticana hallado en las Catacumbas de Domitila y datado en el siglo II, nos presenta de manera realista sus dos bustos mirándose mutuamente. Los *grafitti* de la Catacumba de San Sebastián realizado por los fieles en la

Triclia de la Memoria Apostolorum, lugar cubierto por un techo donde se celebraban banquetes fúnebres: las paredes del vano muestran cientos de dibujos realizados por devotos, realizados hacia la segunda mitad del siglo III e inicios del IV, conteniendo invocaciones a los apóstoles san Pedro y san Pablo.

Roma hizo bien al unir tan estrechamente a los dos máximos Apóstoles: en la exaltación de sus figuras celebraba su identidad cristiana, solemnizaba su nacimiento cristiano.

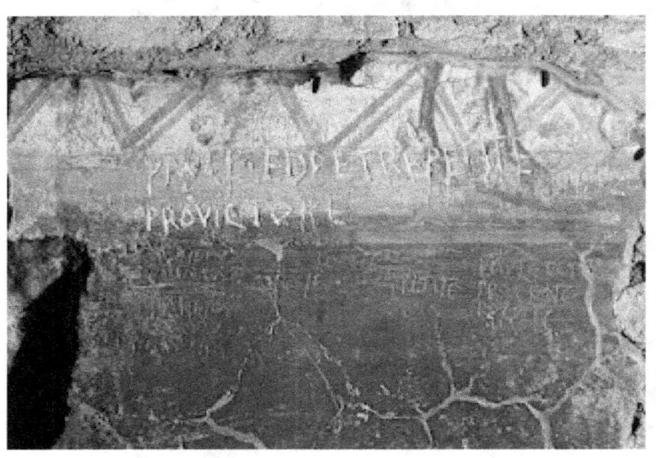

"Petre et Paule petite pro Victore"
***Grafitti* en las catacumbas de San Sebastián**

El primer testimonio que tenemos de su Conmemoración el 29 de junio data del siglo III y la tenemos en la *Depositio martyrum* de la Filocalia: es una mención a su conmemoración en las catacumbas de la vía Appia y en la vía Ostiense. En el siglo IV el Martirologio Jeronimiano también hace una referencia explícita a su celebración en la vía Aurelia. Por ambas referencias sabemos pues que la fiesta del 29 de junio (III kalendas Julii) comprendía tres estaciones litúrgicas. La de San Pedro en la vía Aurelia y en las Catacumbas de la vía Appia y la de San Paolo en la vía Ostiense.

La primera estación tenía lugar en la Basílica que Constantino había erigido en la vía Aurelia, a los pies de la colina Vaticana, cerca del lugar de su martirio. En el mosaico del arco triunfal se representaba la figura de Constantino ofreciendo al Salvador y al Príncipe de los Apóstoles el modelo de la basílica erigida hacía poco.

Fresco con la primitiva Basilica de S. Pedro

Esa Basílica fue meta incesante de peregrinos por la presencia de la tumba de San Pedro que gozó siempre de un prestigio religioso y litúrgico único. Es en torno a esa tumba que veamos sepultados sucesivamente a sus sucesores. Es aquí, como hemos visto, donde en las solemnidades más grandes de la Iglesia tiene lugar la estación litúrgica.

Aquí se conserva la cátedra de madera que la tradición venera como la que ya Pedro usaba: *sella gestatoria confessionis Apostolicae* como la llama Enodio de Pavía.

Aquí peregrina todo el pueblo romano para la fiesta de San Pedro y con él, espiritualmente todo el pueblo cristiano, como centro de la unidad de la Fe y Casa del Padre común. El sepulcro de San Pedro fascinaba profundamente a los corazones cristianos. San Paulino de Nola escribiendo a San Agustín dice que cada año solía acudir a Roma para la fiesta de los Santos Apóstoles donde encontraba verdaderas multitudes.

Prudencio, el poeta hispano llegado como peregrino a Roma en el año 398 canta entusiasta las alabanzas y el triunfo en su himno XII.

Cátedra de San Pedro en Roma

Como en las mayores solemnidades la fiesta tuvo hasta el siglo VIII una doble vigilia nocturna. Una junto a San Pedro, la otra junto a San Pablo. Esta última pronto quedo reservada a los monjes benedictinos que oficiaban en la Basílica, mientras la de San Pedro hasta el siglo XV conservó el carácter de las vigilias solemnes enriquecida con la presencia del Papa.

Según describe un *Ordo* del siglo XII, el Papa y toda la corte acudían a San Pedro por la tarde donde celebraban Visperas. Después de la cena y de alguna hora de descanso, a medianoche comenzaba el oficio vigiliar con 3 salmos y 9 lecturas que se cantaba en el plano inferior de la Basílica, junto al sepulcro de San Pedro. El Papa leía la novena lectura con homilía sobre el Evangelio. Después el primicerio entonaba el *"Te Deum"* seguido de la oración colecta y la bendición del Pontífice. Así concluía el primer Nocturno.

Inmediatamente el coro subía a la Basílica superior y el Papa iniciaba el segundo Nocturno: el oficio de Laudes se cantaba al alba seguido de la Misa Solemne. Al acabar el Santo Sacrificio se interpretaban los *"laudes"* en honor del Papa, aclamaciones o alabanzas que tienen su antecedente próximo en las aclamaciones al Papa hechas en la vía pública, remedo a su vez de los *"laudes imperiales"* de la Roma pagana. Se le imponía la tiara en señal de fiesta y era reconducido triunfalmente a su residencia.

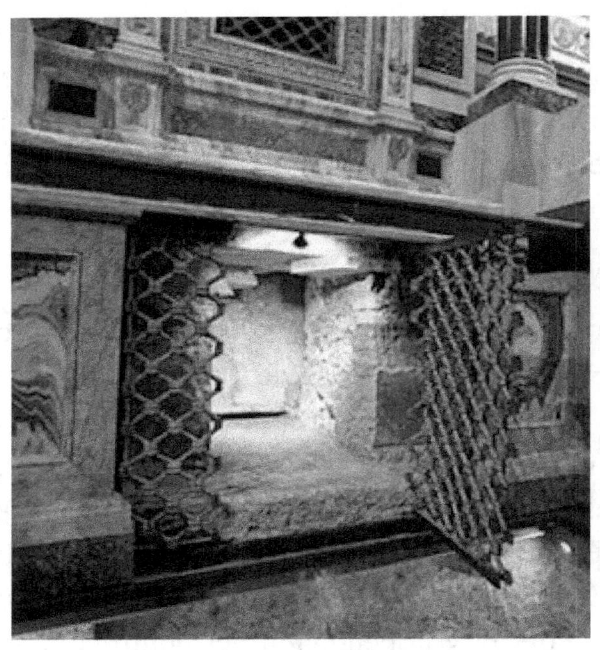

Sepulcro del apóstol San Pedro

La segunda estación, llamada ad catacumbas, se celebraba en la vía Appia, donde en el siglo IV había sido erigida una iglesia en honor de los dos apóstoles *(Basílica Apostolorum)* más tarde denominada de San Sebastián, porque allí se encuentra sepultado el soldado mártir. Allí se hacía memoria de la deposición temporal de las reliquias de los santos Pedro y Pablo acontecida en el año 258 para resguardarlas de una posible profanación durante la persecución de Valeriano. El 29 de junio, día de este traslado, habría permanecido para la Ciudad y toda la Iglesia, la gran fiesta de los dos Apóstoles. Otros historiadores y arqueólogos sin embargo piensan, y no sin fundamento, que allí se encontraba la *domus Petri*, la vivienda suburbana del Príncipe de los Apóstoles, y no pudiendo los cristianos de Roma acceder al sepulcro de los Apóstoles a causa de la ley de Valeriano, la Iglesia dispuso que se transfiriese allí, en la vía Appia, la memoria litúrgica.

Descubrimiento de 1915 de los grafitti de la triclia

Sea como fuere, en este lugar han quedado como prueba de la devoción popular a los Santos Apóstoles los numerosos *grafitti* en griego y latín descubiertos en 1915 en las paredes de la triclia o salón subterráneo, invocándolos. Muchos de ellos hacen referencia al *refrigerium*, aquel ágape ritual que con un alto grado de misticismo, solía cumplirse honrando a los difuntos pero alejado de toda vulgaridad.

La conmemoración *ad catacumbas* de los Apóstoles no duró mucho. En el siglo V era ya sólo un recuerdo histórico y los Sacramentarios la ignoran por completo.

La tercera estación litúrgica tenía lugar cerca de la tumba de San Pablo. El Papa, después de haber celebrado en San Pedro, acto seguido se dirigía hacia la grandiosa Basílica Paulina de la vía Ostiense.

Pero en el siglo VIII prevaleció un criterio práctico de comodidad: la estación en la vía Ostiense se trasladó al día después (30 junio) para que la fiesta resultase menos fatigosa para el Papa y su Corte. Se esta manera se sacrificó el concepto clásico litúrgico romano que veía en esta fiesta un único fundamento de su edificio espiritual: dos almas en un cuerpo, dos columnas de salvación, la de la autoridad jerárquica confiada a Pedro y la del Magisterio entre los gentiles, confiado a Pablo. La conmemoración de San Pablo del 30 de junio, debilitaba el espíritu primitivo de la festividad, el *dies bifestus* y poli-litúrgico que Prudencio cantaba en su himno XII del Peristéphanon, aunque aparentemente, en la prolongación de la fiesta, parecía darle una impronta de mayor solemnidad.

Uno de los mayores aciertos de la reforma litúrgica de 1969, en el misal de Pablo VI de 1970, es la restauración de la unicidad de la memoria litúrgica para el 29 de junio: Solemnidad de los Santos Apóstoles Pedro y Pablo.

Capítulo 34: La Asunción de María

Mosaico Sta Maria la Mayor s. XII

Es la fiesta más antigua y solemne de las que la Iglesia celebra en honor de la Virgen, destinada a conmemorar su santa muerte (donde el nombre griego de Κοίμηση, lat. Pausatio, Dormitio, Depositio, Natale, Transitus B.M.V) y la gloriosa asunción en cuerpo y alma a los cielos.

Se desconoce cuándo la Virgen exhaló el último respiro. Algunos escritores antiguos, fundados en un fragmento interpolado de la Crónica de Eusebio, la sitúan en el año 48 d.C, otros le asignan quien 63, quien 69 años de vida; otros, sin un fundamento serio pensaron que hubiese sufrido el martirio. Lo que de cierto sabemos es que después del sacrificio del Gólgota, el apóstol San Juan siguiendo la recomendación del Señor, se ocupó de María Santísima como de su madre hasta que vivió. En cuanto al lugar de la muerte, Éfeso y Jerusalén se disputan el honor de ser el marco de su glorioso Tránsito. La discusión que sobre este argumento existía se avivó durante el siglo XIX, y ha hecho crecer las probabilidades de que fuese Jerusalén; en favor de esa opción poseemos los testimonios de todos los antiguos *itinerarios*, y el relato del apócrifo *"De transitu Mariae"* o *"Evangelium Johannis"* que ha llegado a nosotros bajo el nombre del apóstol San Juan y que contiene largos particulares sobre la muerte de María. Fue redactado hacia finales del siglo IV o principios del V, y no obstante la explicita prohibición del decreto Psedo-gelasiano (494) gozó de gran predicamento y difusión en la Iglesia como dan prueba de ello las numerosas versiones, inspirando la elocuencia de muchos Padres orientales como Modesto de Jerusalén, Andrea de Creta, San Juan Damasceno o el escritor que se atribuye el nombre de Dionisio el Areopagita.

Es justo en ese apócrifo que encontramos las primeras notas de una fiesta mariana para el 15 de agosto, si bien sin ninguna relación con la Dormitio. El texto sirio del Transitus narra que los apóstoles establecieron durante el año tres días conmemorativos de la Virgen: el 25 de enero *(de semínibus)* para el buen fin de la siembra, el 15 de mayo *(ad aristas)* por la cosecha inminente de la mies, y el 15 de agosto *(pro vitibus)* por una próspera vendimia.

Sin duda el autor del Tránsitus atribuyó a una ordenación apostólica la triple memoria de la Virgen que contemporáneamente debía ya existir en muchos países de Oriente. Resulta muy difícil explicar la elección de esas tres fechas. Algún investigador ha emitido la opinión, por el hecho de ver invocada la protección de la Virgen para la vendimia, que la fiesta del 15 de agosto vendría a sustituir a una antigua fiesta pagana en honor de la diosa *Atergatis*, la cual tenía en sus atribuciones la protección de la naturaleza. Pero se trata de una hipótesis que si bien tiene algún elemento de probabilidad, se encuentro lejos de poder ser probada históricamente. Marfil bizantino con la Dormitio Mariae (Ravenna s.X).

Marfil bizantino con la *Dormitio Mariae (Ravenna s.X)*

Sea como fuere, la memoria mariana fijada para el 15 de agosto debió ser la más popular y la más festiva, ya que las iglesias de Armenia, de Jerusalén y de Constantinopla, la consideraron con preferencia a las otras dos. El Calendario del Leccionario Jerosolimitano cita: *"15 de agosto, día de María Madre de Dios"*. Como vemos no hay ninguna referencia a la Dormición. Lo mismo sucede con un sermón de San Proclo de Constantinopla, en ocasión de una fiesta solemne en honor de la Virgen celebrada ese día, en el que se limita a ensalzar con alabanzas a la Virgen sin aludir a ningún misterio particular de su vida. Fue sólo a principios del siglo VI que en Palestina y en Siria la tradicional fiesta mariana del 15 de agosto se transforma en la conmemoración de su muerte. Un himno de Jacobo, obispo de Sarug (+523) deja entender que en aquella fecha la muerte de María fuese celebrada en alguna iglesia de Siria, además en la vida de San Teodoro de Jerusalén (+529) se habla de una fiesta de la Virgen en ocasión de la cual, en esta ciudad, se verifica una gran concurrencia de pueblo. Algunos estudiosos como Tillemont o Bäumer creen poder afirmar sin equivocarse que debía tratarse de la *Dormitio* que se celebraba en la basílica del valle de Getsemaní, donde según cuenta Antonino de Piacenza (570) era custodiado el sepulcro *"de quo dicunt sanctam Mariam ad caelos fuisse sublatam"* (desde donde, según se dice, Santa María fue elevada a los cielos).

A finales del siglo VI Nicéforo Calixto nos dice que un decreto del emperador Mauricio (582-602) ordenaba la celebración de la fiesta de la Κοίμησι (Dormitio) en todas las iglesias del imperio el día 15 de agosto, de manera que la antigua solemnidad mariana se convirtió en el *"dies natalis Mariae"*. De cómo maduró este cambio poco podemos decir, quizás con la difusión del relato del apócrifo Transitus Mariae, que coincide con esa época, el flujo de pelegrinos a Jerusalén aumentase en esas fechas y se creyera oportuno dedicar una fiesta litúrgica a la celebración de este misterio mariano. Excesivamente ingeniosa nos parecen otras conjeturas que creen ver en la entrada del signo zodiacal de Virgo en agosto un motivo para establecer el día del nacimiento de María Virgen a la gloria del cielo en ese mes.

En la Iglesia romana la fiesta primitiva del 15 de agosto introducida en el siglo VI no hacía ninguna referencia a la asunción de la Virgen. Pero hacia la mitad del siglo VII bajo la influencia de los apócrifos y de la iglesia bizantina, la fiesta de la Dormitio sustituye a la antigua y se convierte en el *Natale Sanctae Mariae* como la llama el vetusto leccionario romano de Wurzburgo, que indica como constituyese la fiesta principal o mejor la única, de la Madre de Dios. El papa Sergio I (687-701) le añadió una letania, y la misa del 15 de agosto, tal como la tenemos en el Gregoriano, se encuentra definitivamente destinada a conmemorar la muerte y la resurrección de María. Lo deja claro la oración colecta antes de la procesión: festivitas….in qua sancta Dei Genitrix mortem subiit temporalem" (festividad en la cual, la santa Madre de Dios sufrió la muerte temporal). Los textos de la misa *Gaudeamus* que permanecieron hasta la nueva misa de la solemnidad publicada por Pío XII después de la proclamación dogmática de 1950, fueron redactados hacia el siglo XI.

Dormición en la Catedral de Valencia (izquierda) Lecho de la Virgen en Sevilla (derecha)

En España la introducción de la fiesta no aconteció hasta el siglo VII y no por influencia galicana, ya que estos la celebraban el 18 de enero, sino por directa influencia bizantina, celebrándose el 15 de agosto pues. La fiesta se encuentra ya atestiguada por San Isidoro (+636) y por San Ildefonso de Toledo (+667)

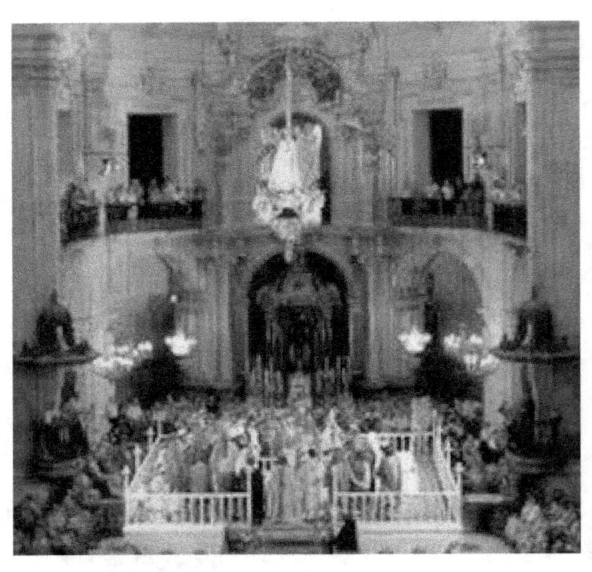

Araceli de la Mare de Déu (Elx)

Fue en nuestro país donde floreció la hermosa tradición de venerar y procesionar el lecho con la Dormición de la Virgen que por espacio de toda la octava permanecía en el centro de la nave del templo para culto de los fieles. En la catedral de Valencia, llevada a hombros de doce varones representando los 12 apóstoles que con palmas de victoria en las manos la acompañan. El misterio de Elche, drama sacro-religioso medieval declarado Patrimonio Cultural de la Humanidad, es una de las más hermosas muestras de la fe del pueblo cristiano en el misterio asuncionista, donde texto literario y música se unen para hacer florecer una de las más grandes obras maestras de arte e ingenio de nuestro pueblo.

Capítulo 35: La Natividad y otras fiestas marianas de septiembre

La Natividad. Icono ruso s. XVIII y la Virgen de Nuria

También esta fiesta nació en Oriente y probablemente en Jerusalén, hacia la mitad del siglo V, donde siempre se mantuvo viva la tradición de la casa natal de María. De porqué fue elegido el día 8 de septiembre poco podemos decir. Quizás considerando el nacimiento de María como el inicio histórico de la obra de la Redención, se colocó a principio de septiembre, época en que, según el *Menologium Basilianum*, comenzaba el año eclesiástico.

Como primer documento de esta fiesta tenemos un himno de San Romano, el famoso himnógrafo griego, compuesto entre los años 536-556, y en el cual el relato del protoevangelio de Santiago es puesto en verso. También en Oriente tenemos las homilías de San Andrés de Creta (+720). En Occidente la Natividad de María probablemente no fue introducida antes del siglo VII, si bien fuese ya solemnizada como la de San Juan Bautista. La encontramos mencionada en la Galia, en el Calendario de Sonnatius, obispo de Reims (614-631) y en casi todos los leccionarios y calendarios carolingios. En Roma, el *Sacramentario Gelasiano* contiene las tres oraciones de la misa. El *Liber Pontificalis* da testimonio de su existencia hacia la segunda mitad del siglo VII, habiendo sido prescrita por el papa Sergio IV (687-701) junto con una letanía (procesión) que en este día, igual que en la Anunciación y en la Dormición, iba de San Adriano a Santa María la Mayor. Es cierto que en Milán no existía aún en tiempos de Beroldo (c. 1124). La octava fue establecida por Inocencio IV en 1243, tras un voto hecho por los cardenales del cónclave de 1241, cuando estuvieron prisioneros en manos de Federico II por espacio de tres meses. El papa elegido entonces fue Celestino IV, pero como observa Durando, "como el papa elegido Celestino vivió sólo 18 días no pudo cumplir el voto, cosa que cumplió su sucesor Inocencio (IV)" *(quia idem Coelestinus vixit solum decem et octo diebus non potuit votum implere; quod postmodum dictus Innocentius eius successor implevit)*. La reforma litúrgica de San Pío X quitó la fiesta de la Natividad de María de entre las de precepto.

En nuestra tierra, en este día celebramos aquellas advocaciones de la Virgen cuyas tallas o imágenes se habían confeccionado antes de la invasión musulmana y que durante ésta se habían escondido, y que posteriormente se fueron descubriendo o encontrando en medio de prodigios, por pastores o ermitaños. Es la fiesta de las "marededeus trobades" (vírgenes encontradas): en Cataluña las de Montserrat, Nuria, Puigcerver, de la Roca en Escart del Pallars, de Queralt, en Andorra la de Meritxell, en el Reino de Valencia la del Avellà en Catí, la de Ortisella en Benafigos, la de la Balma en Zorita, la Virgen de la Salud en Algemesí, o la Virgen de Gracia de Villareal, que aunque no se trata de una virgen-encontrada sino un voto después de una epidemia, en este día también celebra su fiesta.

El dulce Nombre de María:

Se aprobó por vez primera en 1513 por Julio II para la diócesis de Cuenca en España. Inocencio XI en 1683, en recuerdo de la liberación de Viena de los Turcos la extendió a toda la Iglesia, asignándole el domingo después del 8 de septiembre. En la reforma de San Pío X se fijó para el día 12 del mismo mes. En la reforma de 1969 desapareció como fiesta universal y quedó el formulario para algunas diócesis y congregaciones o como misa votiva.

Los Siete Dolores de María o Virgen de los Dolores:

Esta fiesta, fue preparada por la literatura ascética del siglo XII, y fue introducida en Alemania por el Sínodo Provincial de Colonia en 1423, y fijada para el viernes de la 3ª semana después de Pascua. Benedicto XIII en 1727 la extendió a toda la Iglesia con el título de "Fiesta de los Siete Dolores de la B.V. María" poniéndola el viernes después del primer domingo de Pasión. La orden de los Servitas de María, fundado en Florencia en 1240, difundió mucho el culto a la Dolorosa y obtuvo de Inocencio XI (1676-1689) una fiesta propia para el tercer domingo de septiembre, a la que Pío VII dio un carácter universal. San Pío X le asignó de manera estable la fecha del 15 de septiembre, el día posterior a la Exaltación de la Santa Cruz.

de Andrea Brustolon (Belluno-Italia)

Capítulo 36: Las Fiestas en honor de la Santa Cruz

En los libros litúrgicos romanos son dos las fiestas en honor de la Santa Cruz: el día 3 de mayo la Invención de la Santa Cruz (hallazgo) y el 14 de septiembre la Exaltación la Santa Cruz. Pero el título de la primera conmemoración es totalmente erróneo porque tal hallazgo aconteció el 14 de septiembre, aunque con la incertidumbre del año y las circunstancias concretas del hallazgo.

El relato del Breviario Romano que se centra en Santa Elena pertenece a escritores tardíos, los cuales lo reportan con muchas variantes. No tenemos pues noticias históricas precisas. Al parecer Santa Elena, madre de Constantino el Grande, durante su peregrinación a Tierra Santa del año 326 hizo derruir un templo dedicado a Venus construido sobre el Calvario, y erigir a su vez una suntuosa basílica. En aquella circunstancia y tras investigaciones y excavaciones, habrían sido desenterradas tres cruces, una de las cuales mostró ser la Cruz del Señor porque al ser impuesta sobre una enferma la hubiera curado. Eusebio aunque habla de la peregrinación de Elena, nada dice sobre el hallazgo. San Macario en el 351 hace una mención de tal hallazgo en tiempos de Constantino pero sin referencia alguna a Santa Elena, igual que hace la peregrina Egeria en su *Itinerarium*. En siglos posteriores son muchas las leyendas que se han difundiendo en torno al legendario hecho del hallazgo.

Lo que más nos importa aquí es que la fiesta del 14 de septiembre en sus orígenes fue propia únicamente de Jerusalén, donde asumió una importancia extraordinaria. La piadosa Egeria (c. 394) nos ha dejado una interesante descripción, de la que resulta que era equiparada a Pascua y a la Epifanía, y convocaba a una inmensa multitud de fieles y obispos. He aquí su relato:

"La dedicación de las iglesias del Martyrium y del Anástasis se celebra con sumo honor porque en este mismo día fue hallada la Cruz del Señor…Cuando llega la fecha de la conmemoración, esta se prolonga durante ocho días, y ya muchos días antes empiezan a acudir multitud de monjes de diversas provincias, eso es, de Mesopotamia, Siria, Egipto y la Tebaida, donde viven muchos monjes: no hay ninguno que no acuda a Jerusalén para gozar de tanta alegría y de espléndidas jornadas; también los seglares, tanto hombres como mujeres, acuden desde todas las provincias a Jerusalén. Y cuando los obispos son pocos, son más de cuarenta o cincuenta, y con ellos acuden sus clérigos. Qué más podemos decir sino que los que no participan a tanta fiesta creen cometer pecado grave caso de no estar impedidos por verdadera necesidad. En tales días la decoración de las iglesias es el mismo

que en Pascua o en la Epifanía, y así durante todos y cada uno de los días de la octava: en todos los Santos Lugares se festeja como si de Pascua o la Epifanía se tratara"

El *Chronicon Paschale*, redactado a principios del siglo VII, añade un particular importante: que en dicha celebración se mostraba al pueblo el Santo Madero de la Cruz. Tenemos pues que creer que la fiesta en primer lugar tenía como objeto el aniversario de la dedicación de las dos basílicas, mientras que la ostensión de la Cruz debía ser secundaria. Pero pronto esta se convirtió en la principal atracción de la solemnidad, hasta que poco a poco, creciendo en importancia, hizo que la Dedicación cayera en el olvido, hasta transformarse en una gloriosa Exaltación del Santo Madero de la Redención. Alejandro de Chipre (s. VI) en su homilía para la fiesta la designa ya con este título: Exaltatio praeclarae Crucis.

Creu de Matagalls (Collformic) y Creu de Montigalà (Badalona)

Es tradición en Cataluña subir hasta las cumbres más altas de las montañas y colocar el signo de nuestra Redención organizándose romerías "aplecs" con esta finalidad.

Desde Jerusalén esta fiesta pasó a muchas iglesias orientales, especialmente aquellas que tenían la suerte de obtener reliquias de la Cruz: Constantinpla, Apamea y Alejandría. En Roma debió introducirse hacia mitad del siglo VII con la consolidación de la dominación bizantina. El Liber Pontificalis da a entender que ya existía en tiempos del papa Sergio (687-701) el cual añadió una ostensión y adoración de la Cruz, es decir de la insigne Veracruz llevada a Roma por Constantino y conservada en la capilla del Sancta Sanctorum Lateranense.

Una ceremonia semejante fue conservada por el Papa y su Corte hasta el siglo XIII. El *Ordo* atribuido a Cencio Savelli (*Cencio Camerario*) titular de la Cámara Apostólica de los papas Clemente III y Celestino III y más tarde elegido papa con el nombre de Honorio III (1216-1227), prescribe que en la mañana del 14 de septiembre, el Papa y los Cardenales acudan al Oratorio de San Lorenzo y extraigan el *Lignum Crucis*. Una vez entonado el Tedeum, procesionalmente se dirijan al Oratorio de San Silvestre, donde debe estar ya la Schola, y proceder a la Adoración de la Cruz, de la misma manera como se realiza en Viernes Santo. Cuando todos han venerado la insigne reliquia, el cortejo procede hacia la Basílica Lateranense, donde después de cantada la hora tercia, el papa celebra la Santa Misa.

Mientras Roma pues calcaba de la fiesta de Jerusalén en el siglo VII, las iglesias de la Galia adoptaban una fiesta análoga, intitulada *De Inventione Sanctae Crucis*, pero prescribiéndola para el día 3 de mayo, a partir de la fecha que en que la leyenda de Judas Ciriaco sitúa el hallazgo de la Cruz. El formulario de la misa compuesto entonces, según el modelo galicano, pasó rápidamente a la redacción galicana del *Sacramentarium Gelasianum*; más tarde ya en época carolingia pasó a los libros romanos, los cuales sin embargo admitieron las dos fiestas: la galicana con el nombre de *Inventione Sanctae Crucis* para el 3 de mayo y la oriental del 14 de septiembre con su título de *In exaltatione Sanctae Crucis*, que ha dado lugar al equívoco antes citado.

Cruz de mayo en Córdoba

Cuando en el año 635 Heraclio Augusto recuperó el Lignum Crucis en poder de los persas después de haberlos vencido, los particulares de la hazaña pasaron como relato a las lecturas del Breviario Romano, despertando en todo el mundo, especialmente entre la Iglesia Latina, una singular devoción a la Santa Cruz. Es probable que eso influyera en la voluntad de reordenación de su fiesta romana, y que en 1741 la comisión elegida por Benedicto XIV para ese fin, fuera partidaria de la abolición de la fiesta del 3 de mayo. Pero finalmente no hizo nada. Esta llegó con la reforma postconciliar de 1969 que en el misal de Pablo VI la suprimió como fiesta universal, dejándola *pro aliquibus locis* (para algunos lugares). En España la fiesta del 3 de mayo es aún conocida como "la Cruz de mayo" con un especial arraigo en Andalucía donde se elaboran altares populares con cruces confeccionadas con flores y arbustos.

Capítulo 37: Las Témporas de Septiembre

Sábado de Témporas en el Santuario Sta. Fca. Javier Cabrini en Nueva York 2012

Como es bien sabido, primitivamente la liturgia de las témporas tenía un carácter netamente festivo. Era como una solemnidad de acción de gracias tras las cosechas de los frutos del verano. Al parecer estas fiestas campestres *(Vinalia)* nacieron en Roma – un pueblo que encuentra los recursos principales de su riqueza en la agricultura- y que desde Roma, ya cristianizadas y por voluntad de los papas, se extendieron por la Galia, Alemania y España. En Milán la observancia del ayuno durante las Témporas llegó en los tiempos de San Carlos Borromeo (s. XVI)

Más que en otras estaciones, la liturgia de esta semana ha conservado intacto su carácter festivo primitivo que tanto recuerdan aquellas fiestas campestres de la antigua Roma al finalizar la vendimia, tal como recuerda San León Magno *"pro consummata perceptione ómnium frugum dignissime largitoriearum Deo continentia eoffertur libamen"* ("es conveniente que después de haber gozado de la abundancia de la cosecha ofrezcamos al Señor como una santa libación de abstinencia") El concepto de preparación a la solemne colación de Ordenes Sagradas es sólo un añadido no primitivo, que remonta a los tiempos de Gelasio I.

Sarcófago y mosaico con escenas romanas de vendimia y prensado de uva

Es preceptivo que la estación del miércoles de estas témporas sea siempre en Santa María la Mayor, y las tres lecturas de la misa sean un resto de la antigua costumbre litúrgica romana, que evoca aquellos tiempos primitivos en que los apóstoles añadieron una tercera lectura sacada de los evangelios a las dos que los judíos hacían de la Ley y de los Profetas.

Desde el punto de vista teológico es muy importante que la antífona para la entrada del cortejo del celebrante esté tomada del salmo 80, ya que a pesar de que las témporas conserva intacto el recuerdo de las fiesta latina de la vendimia, quiere aparecer como continuación de las dos solemnidades judías de inicio del año y del día de la Expiación. De esta manera pueda presentar a la autoridad divina como fuente de donde se han originado las fiestas litúrgicas. Además del culto privado e individual mediante el cual toda criatura ofrece el homenaje de su propia adoración al Creador, Dios ha querido que la sociedad de los creyentes, precisamente porque es externa y visible, tenga ritos, fiestas colectivas, tanto para rendir el homenaje debido al Creador de manera colectiva, como para dotar al individuo en estos actos sociales, los medios para santificarse. El aislamiento es condenado: *vaesoli* (¡ay de los que están solos!) El hombre es naturalmente sociable ya que únicamente en sociedad puede alcanzar su perfeccionamiento natural. Por otra parte en el orden sobrenatural, el fiel es admitido en el orden sobrenatural a formar parte de una sociedad divina que es la Iglesia, ya que sólo gracias a ella podrá obtener los medios para su santificación personal. Evitemos perder de vista esta ley, exagerando nuestro individualismo, y de sacrificar el culto exterior, social y litúrgico por un excesivo amor a un culto interior y espiritual, exclusivamente personal. No somos el cuerpo de Cristo por entero, cada uno sólo somos un miembro. Para que la integridad de este Cuerpo Místico se realice es necesario que la totalidad de estos miembros no se separen ni de su Cabeza ni entre ellos.

Jesús ha querido darnos ejemplo de esta piedad que en nuestros días denominamos litúrgica y que deberíamos llamar escuetamente piedad cristiana en el sentido más perfecto del término. Primero en el seno de su Sagrada Familia, después junto a sus Apóstoles, Él tomaba participaba de las solemnidades litúrgicas de las sinagogas. En el tiempo prescrito subía al Templo para celebrar la Pascua, la fiesta de la Dedicación, la de los Tabernáculos… Su vida era una plegaria ininterrumpida ya que tras las noches consagradas a la oración, pasaba las jornadas en Jerusalén o en otros lugares, en el Templo y en las sinagogas, asistiendo puntualmente a la salmodia cotidiana y a los sacrificios que se celebraban.

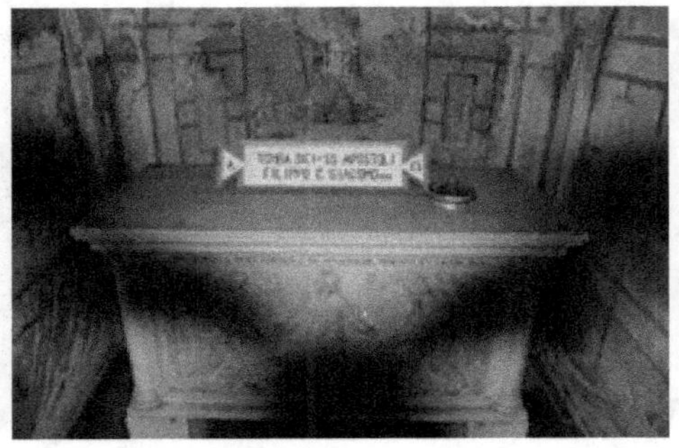

Basílica de los Santos Apóstoles en Roma - Tumba Ap. Felipe y Santiago

La estación del viernes de Témporas tiene lugar en el *Apostoleion* romano, <u>la basílica de los Santos Apóstoles</u>: el motivo no es otro que el hecho de la institución de esta solemnidad hacia el siglo VI coincide con la fundación de esta Basílica durante el periodo bizantino y que adquirió una gran fama en Roma.

En el siglo III el miércoles y el viernes de estas témporas se celebraba una *statio* de ayuno prolongado hasta nona, hora en que se celebraba el Sacrificio Eucarístico que rompía el susodicho ayuno. Es posible que la extensión al sábado tenga algo que ver con la costumbre romana de ayunar tres días por semana. El papa Calixto mitigó el rigor de tales ayunos reduciéndolos sólo a los días de la cosecha y de la vendimia y prensado de la uva; de este modo fue desapareciendo con el tiempo la austera devoción de la edad apostólica. En los documentos litúrgicos romanos medievales encontramos numerosas huellas de esta tradicional santificación de los miércoles, viernes y sábados en los leccionarios de la misa que son reflejo de los antiguos *Capitula* de origen romano.

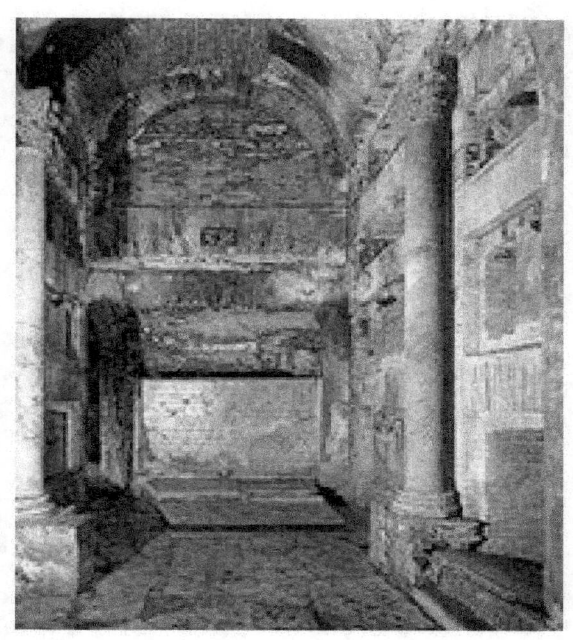

Cripta de los papas en el Cementerio de Calixto

Resaltemos finalmente la vigilia estacional en San Pedro del sábado de estas Témporas que conserva el último recuerdo de las antiguas vigilias que se celebraban cada domingo durante los tres primeros siglos. La costumbre remontaba a los tiempos apostólicos pero la última persecución de Diocleciano hizo imposible la observancia. Sixto II fue sorprendido mientras presidía una celebración vigiliar en una *trichora* del cementerio de Calixto, cuando fue sorprendido por los soldados del emperador Valeriano el 6 de agosto del año 258 y decapitado en ese lugar, el mismo día, juntamente con cuatro diáconos, y pagó así con su vida el acto de valentía. Es por esa razón que a inicios del siglo IV el antiguo rito vigiliar había desaparecido completamente en Roma. Sólo pervivieron en el uso común de aquellos tiempos, las vigilias de los santos apóstoles Pedro y Pablo, la de San Lorenzo, la de los santos Juan y Pablo y de algunos otros mártires, junto a las que seguían a los sábados de Témporas. Aún la misa de este día, con sus siete lecturas y el versículo *In die clamavi et nocte* del salmo del Ofertorio, conserva trazos de su primitivo carácter nocturno.

Capítulo 38: El culto a los ángeles y a San Miguel

La mención tan frecuente y honorífica que la Escritura hace de estos espíritus potentes y misteriosos pronto debió provocar un sentimiento de veneración entre los fieles. San Justino da testimonio de ello cuando deseando probar que los cristianos no son ateos, alega el culto que estos tributan a la Santísima Trinidad y al "ejercito de ángeles buenos" *("bonorum Angelorum exercitum")*. San Pablo en su carta a los Colosenses (Col 2,18) advierte sobre esta cuestión a algunas comunidades judaizantes del Asia Menor donde quizás abundaban prácticas y teorías sospechosas. Orígenes da entender que estas exageraban el honor a los ángeles estimándolos casi como "dioses" y deja claro que tipo de culto reciben en la Iglesia: *"Laudamus eos quidem et beatos praedicamus, quibus a Deo res nostro generi útiles commissae sunt; sed honorem Deo debitum illis non habemus"* (Así pues los alabamos y los llamamos bienaventurados porque Dios quiso enviárnoslos para que fuesen útiles en orden de nuestras cosas, pero no les tributamos el honor que sólo es debido a Dios")

Los errores contra los cuales protestaba Orígenes tenían su epicentro en Frigia. Parece que allí adquirió el carácter de una verdadera adoración, expresada con ritos y fiestas populares, prohibidas inmediatamente por el Concilio de Laodicea. Sus defensores alegaban que en la imposibilidad de ver y alcanzar al Dios del universo, necesitaban atraer y acaparar la benevolencia de los ángeles. Sea como fuere y más allá de estas teorías extrañas lo cierto es que la devoción primitiva a los santos Ángeles fue inducida por la tradición judía y de la convicción de que aseguraba una eficaz tutela contra los espíritus malvados de los paganos que creían maquinaban toda suerte de insidias contra los fieles. Dios les habría confiado esta misión, según las mismas palabras de Cristo. En razón de esto, Dios les habría encomendado todos los elementos de la naturaleza: las tierras, las aguas, el cielo así como todo pueblo, iglesia y ciudad. No hemos de creer sin embargo que esta devoción a los Ángeles constituyese un verdadero culto litúrgico; más bien era una corriente de piedad popular. Esta se mantuvo siempre bastante viva, incluso a través de la Edad Media, especialmente en ciertas fórmulas de exorcismo e invocación, las cuales y a menudo en los libros rituales, asociaban el nombre de los tres arcángeles recordados por la Escritura: Miguel, Rafael y Gabriel, y otros nombres de ángeles, tomados del apócrifo libro de Enoch, que en el capítulo 20 hace referencia a los 7 ángeles mencionados en el libro de Tobias, dándoles estos nombres: Uriel, Rafael, Ragüel, Miguel, Sarakiel, Gabriel, Remeiel. En los libros de la liturgia céltica contienen bastantes fórmulas deprecativas con tales nombres.

Una fiesta en honor de los Ángeles Custodios fue celebrada primeramente en España y en Francia en el siglo XV. Suprimida por San Pío V fue restablecida en 1608 por Paulo V y en 1670 hecha obligatoria para toda la Iglesia Universal por Clemente X para el día 2 de octubre.

El primer culto litúrgico de la Iglesia a los santos ángeles al parecer se centró en el Arcángel San Miguel. Pero los fieles no vieron en él, el campeón de Dios que había vencido a Satanás, que combatió por el cuerpo de Moisés y por defender a la mujer del Apocalipsis, el patrón de los guerreros cristianos, sino el medio celeste de las enfermedades humanas. Antiguas leyendas narraban que desde el siglo I, San Miguel se había aparecido a Queretopas, en Frigia, cerca de Colosas, haciendo brotar una fuente milagrosa que curaba toda dolencia. Otro santuario famoso en el siglo IV, centró su culto en Frigia, en concreto en Kone, donde el agua que brotaba de una roca, según se decía, abierta por San Miguel, estaba dotada de eminentes virtudes curativas.

Sozomeno narra que ya desde el tiempo de Constantino existía el santuario de Sosthenion, cerca de Bizancio, dedicado a San Miguel (Michaelion), muy frecuentado por las multitudes, especialmente en ocasión de la fiesta que anualmente se celebraba el 9 de junio. Por otra parte todo Oriente estaba poblado de iglesias dedicadas al santo arcángel. Sólo en la ciudad de Constantinopla se contaban unas quince. En Egipto, por cuanto nos cuenta Dídimo, tanto en las ciudades como en los pueblos, eran numerosos los oratorios dedicados a San Miguel, ricos de oro, plata y marfil, y la gente acudía desde muy lejos, incluso de ultramar, para asegurarse en estos santuarios la benevolencia del gran Arcángel y por su medio, obtener la gracia de Dios. La Iglesia de Alejandría había puesto bajo su protección al Nilo, y hacía su conmemoración en fecha 12 de junio, al tiempo en el que el río empezaba a crecer.

Santuario de San Miguel en el Monte Gargano (Manfredonia-It)

En Occidente, y especialmente en Italia, el culto a San Miguel era ya muy difundido a principios del siglo V. Existían iglesias dedicadas a él en Spoleto, Ravenna, Perugia, Piacenza, Génova y Milán, En Roma, el Sacramentario Leoniano, el día 30 de septiembre, bajo el título *Natale basilicae S. Angeli in Salaria* (dedicación de la basílica de los santos Ángeles en vía Salaria) contiene cinco formularios de misas, tres de las cuales contienen referencias en el Prefacio de la dedicación de la susodicha iglesia en la vía Salaria, seis millas al norte de la ciudad. También el Gregoriano y el Gelasiano recuerdan esa dedicación pero colocada con fecha 29 de septiembre. Es de esta fecha del 29 de septiembre, aniversario de la dedicación, de la que derivó la actual fiesta de San Miguel extendida después a todos los países occidentales.

Sacra de S. Michele en Val di Susa (It)

La otra fiesta en honor de San Miguel, que la Iglesia Latina celebra el 8 de mayo, originariamente había sido instituida para recordar la victoria naval, obtenida por los Longobardo de Siponto (Manfredonia) el 8 de mayo del año 663, y conseguida por la intercesión suya. La leyenda recuerda que en tal fecha se apareció San Miguel en una caverna del Monte Gargano en Manfredonia. El santuario allí edificado adquirió una gran fama y se convirtió en un centro de irradiación de su culto en la Italia meridional, así como en Lombardía por obra de los Longobardos, entonces señores del ducado de Benevento. Bajo la tipología del santuario garganés y con una leyenda parecida se fundó en el año 709 en Normandía otro celebre santuario, *Menez Mikael* (Mont Saint Michel) que extendió por todo Occidente y especialmente en el norte de Europa su culto. Y en una línea recta imaginaria, entre uno y otro, la célebre Sacra de San Michele en Val di Susa, Piamonte. Fue en homenaje a estas antiguas tradiciones que San Pío V llamó a la fiesta del 8 de mayo *Adparitio S. Michaëlis*.

La liturgia romana atribuye a San Miguel una doble función:

Mont-Saint Michel en Normandía

a) Ser guía de las almas en su camino hacia el cielo. Era una común opinión entre los paganos que el alma fuese conducida hacía su morad en la otra vida por un guía (γηγεσία) de los difuntos. Y ya que este debía haber recibido de Dios la misión de reconducirle las almas, tomaba el nombre de "ángel". Estos ángeles *psicopompos* eran fácilmente unidos a los genios de los vientos, porque escoltaban las almas a través del aire. También el judaísmo helénico participaba de estas ideas. Los rabinos enseñaban que sólo las almas guiadas por ángeles pueden ser introducidas en el cielo. Jesús mismo había afirmado, en la parábola del rico Epulón, que los ángeles habían llevado el alma del pobre Lázaro, al seno de Abrahán. Así pues, San Miguel era el psicopompo más eminente. Según San Gregorio de Tours había sido él el que habría presentado las almas de Adán y Eva e incluso la de San José y la Virgen. He aquí la razón por la cual se afianzó la creencia de las ángeles como guías de las almas hacia el cielo, consolidada en los antiguos textos litúrgicos y epigráficos. Uno de estos es la antífona del Ofertorio de la misa de difuntos que se refiere justamente a San Miguel: *Signifer sanctus Michaël repraesentet eas* (animas) *in lucem sanctam (*El guía san Miguel las lleve a la luz santa*)* Otros textos con el mismo significado, aunque posteriores, los encontramos en el Oficio y el Ritual. En relación a este encargo, recibido de Dios por San Miguel, la escena, antaño atribuida a Mercurio y plasmada en los monumentos clásicos, y que encontramos en los ciclos iconográficos medievales, de San Miguel pesando las almas con una balanza en las manos: en un platillo, el alma simbolizada por un niño desnudo, en el otro y conteniendo el peso moral de las obras malas, se representa al demonio que trata que la balanza se incline de su parte.

El Arcángel San Miguel en el pesaje de las almas

b) La de defensor del pueblo cristiano. Los textos litúrgicos se inspiran en la Escritura que designa a San Miguel como jefe de las milicias celestes, que combaten a Satanás, el enemigo de Dios y de su pueblo, y lo invocan para que defienda a la Iglesia en sus luchas, y a las almas en las estrechuras de la muerte y el juicio. La tradición cristiana ha escogido a San Miguel como patrón de las ciudades y reinos cristianos, que lleva el estandarte en las batallas, como en Castel Sant´Angelo en Roma, y lo ha representado prevalentemente vestido de guerrero, con la coraza, empuñando la espada, mientras aterroriza al demonio rendido y encadenado a sus pies.

Finalmente es necesario subrayar que la fiesta litúrgica del 29 de septiembre mira a honrar a San Miguel, no de una manera singular y aislada, sino como jefe y representante de todas las jerarquías angélicas. Los textos más antiguos de la misa expresan esta carácter colectivo que dirige globalmente a los ángeles, comenzando por la oración *"Deus qui miro ordine"* compuesta muy probablemente por San Gregorio Magno y los dos himnos del oficio *"Te splendor"* y *"Christe sanctorum"* atribuidos a Rábano Mauro de Fulda (+856).

Capítulo 39: La devoción a María en la Iglesia Antigua

María Abogada s. IV (Coemeterium Majus)

No nos debe asombrar que desde los primerísimos tiempos de la Iglesia, María que ocupó un lugar privilegiado en la vita y las obras de Jesús, obtuviese un particular sentimiento de amor y veneración de parte de los fieles. Los Hechos de los Apóstoles nos la muestran entre los discípulos en la espera del Espíritu Santo. Los Padres Apostólicos recuerdan y exaltan su prodigiosa maternidad divina, y la antiquísima fórmula romana del Símbolo *natum ex Maria Virgine* consagraba continuamente la memoria en la mente de los fieles. Los más importantes y vetustos textos apócrifos, como la Ascensión de Isaías, los oráculos sibilinos, y especialmente el Protoevangelio de Santiago, le dedican las páginas más bellas de sus maravillosas leyendas.

Eso no quiere decir que María gozase de honores litúrgicos propiamente dichos. La Iglesia primitiva no conoció otro culto que el tributado a Cristo y a sus mártires. Incluso no hubiera sido oportuno hablar de un culto a la Madre de Dios, mientras los fieles vivían entre supersticiones idólatras y estaba vivo y se practicaba el culto a Cibeles, madre de los dioses. Por tanto, las imágenes de la Virgen con el Niño en brazos o en la simple representación de la *Orante* que encontramos en las catacumbas y que se remontan a los siglos II y III, no pueden ser interpretadas como prueba de un verdadero y propio culto mariano, sino más bien como indicador de aquella profunda veneración de la que gozaba la Virgen en la Iglesia antigua. Estas representaciones, a través el tosco simbolismo de los frescos cementeriales dan fe de un aspecto importantísimo –dramático y litúrgico al mismo tiempo- de la piedad mariana de nuestros primeros hermanos, que como consustancialmente la nuestra, miraba a María no como una simple criatura sino como Madre de Jesús e Intercesora ante Él.

Fue la elaboración del pensamiento teológico en torno a la del Verbo Encarnado que, madurando una comprensión más diferenciada de la grandeza de la maternidad de María y de su sublime perfección, preparó los inicios del culto litúrgico hacia Ella. A esto añádase que acabando el siglo III, cuando los ideales del ascetismo empezaron a difundirse en la Iglesia arrastrando tantas almas generosas hacia una vida de mayor perfección, para asombro del mundo, María apareció como el prototipo y el ejemplo del asceta cristiano, que consagrando toda su vida a la práctica asidua y heroica de las virtudes, merece a semejanza de los mártires, el honor y la veneración de sus hermanos.

Cubículo de la Velatio

Durante muchos años se creyó que los frescos en la luneta del *Cubículo de la Velatio* en las Catacumbas de Priscila, la figura de la derecha, una mujer sin velo y con una túnica blanca llevando en sus brazos a un niño, representaba a la Virgen con el Niño. Sin embargo lo más probable es que las escenas sean de la vida de una señora enterrada allí. La primera escena mostraría su matrimonio. Entonces el velo sería el flameum, o velo que usaba la mujer durante el matrimonio y el pergamino sería la tabula nuptialis, donde se escribían las obligaciones legales de los esposos. La escena de la derecha solo indica que ella llegó a ser madre. Y la figura central, la Orante, representa a la mujer en el cielo.

Sin embargo en el Lóculo del Arenario de las mismas Catacumbas sí que encontramos un fresco en que sin duda alguna la Virgen aparece vestida con una túnica de manga corta y lleva un velo. Sostiene entre los brazos al Niño Jesús y está sentada en un asiento sin respaldo. Sobre el personaje que tiene frente a ella se ha discutido mucho siendo la explicación más aceptada la que lo identifica con el profeta Balaam dado que apunta a una estrella que está pintada entre la Virgen y el profeta (tomando en cuenta el texto de Nm 24, 15-17: «Oráculo de Balaam, hijo de Beor, [...] Álzase de Jacob una estrella, surge de Israel un cetro...».Nota 7 10

Según los estudios arqueológicos fue realizada aproximadamente a mediados del siglo II y, por lo tanto, esta pintura sería la más antigua que se conserva referida a la Virgen María.

Madonna del Lóculo del Arenario s.II

De la misma época son algunos vidrios dorados y bastantes sarcófagos de Roma y de las Galias, en los cuales la Virgen es representada en medio a dos santos, quizás los apóstoles Pedro y Pablo.

Los primeros trazos de un culto público tributado a María lo encontramos en Oriente. A finales del siglo IV nos dice San Epifanio que en Tracia y en Arabia había alcanzado tal popularidad que asumía formas cultuales bastante curiosas. Entre ellas, una costumbre paganizante de ciertas mujeres de aquellas provincias, llamadas por el Coliridianas, de reunirse con fecha fija en un lugar determinado para ofrecer, como si de una diosa se tratase, una hogaza (πολλιρίδα τίνα) que después comían en común. En Siria la obra *Deprecationes ad Deiparam* escrita por

San Efrén (+373), quizás para el servicio litúrgico de sus monjes, atestiguan un desarrollo de la piedad mariana como quizás nunca se ha alcanzado en siglos posteriores. El santo invoca a la Virgen con los títulos más honoríficos y afectuosos: "esperanza de todos los cristianos", "pacificadora de la cólera divina", "después de Dios, único refugio"; "luz, fuerza, riqueza y gloria de los que a Ella recurren", "socorro del alma y del cuerpo de sus devotos", "intercesora ante el tribunal divino salvándonos de la condenación eterna", "puesta a servicio de los pecadores Intercesora ante Dios Omnipotente".

Por otra parte los Padres de la Iglesia, tanto latinos, griegos como sirios de aquella época (San Ambrosio, San Jerónimo, San Agustín, San Atanasio, San Juan Cristóstomo, San Epifanio, Afraate, Cyrillonas, Rabulas, Jacobo de Sarug…) compiten en glorificar a María y en "resaltar la perfección de sus virtudes que la hicieron digna de ser escogida por Dios".

Capítulo 40: Los inicios del culto litúrgico a María

Arco triunfal de Santa María la Mayor

El impulso unánime de admiración y piedad hacia María por parte de los personajes más ilustres de los que se enorgullecía la Iglesia de los siglos IV y V, junto a ser el más firme baluarte contra la herejía de Nestorio que impugnaba su divina Maternidad, sirvió para dar un nuevo y vigoroso empuje al desarrollo del culto mariano.

Una primera consecuencia fue que las iglesias dedicadas a la Virgen se multiplicaron. En Roma el más antiguo santuario en honor de María debió levantarse en la zona trasteverina, en Santa María in Trastevere, donde se concentraba prevalentemente la población oriental. En Oriente es famosa la iglesia que recuerda las actas del concilio de Éfeso (431) en el que los Padres definieron la divina maternidad de María frente a Nestorio. El glorioso acontecimiento fue conmemorado por el papa Sixto III (432-440) que consagró a María la basílica Liberiana por él reconstruida sobre el monte Esquilino, ilustrando en los mosaicos del arco triunfal las principales escenas de la infancia de Jesús, pero siempre en relación con María.

En Palestina, bajo el obispo Juvenal (425-458) la esposa de un alto funcionario romano erigió a la Virgen Madre una magnífica iglesia en la ruta que va de Jerusalén a Belén. Otras fueron erigidas por la emperatriz Pulqueria (+453) en Constantinopla, por Juan Silenciario en Nicópolis en le región griega de Épiro, por Sabas en Palestina, por el emperador Zenón en el monte Garizim y en Cysico, ciudad de la Propóntide en el mar de Mármara. Lo mismo hizo el emperador Justiniano, que se significó entre todos los emperadores por su celo en levantar iglesias y santuarios en honor a la Virgen pues sostenía que eran más útiles que todas las fortalezas y castillos para defender al Imperio de la furia de los bárbaros.

Después del siglo V las iglesias marianas se extienden también por el Occidente latino. La Galia y la Baja Alemania cuentan entre estas muchas de sus más insignes catedrales. En España, Jerez y Toledo aún conservan lápidas conmemorativas de la dedicación de una *"ecclesia sanctae Mariae"* celebradas en los años 556 y 587 respectivamente. En lo que a Italia se refiere, debieron ser muy numerosas puesto que San Gregorio Magno da fe de su existencia en ciudades con escasa importancia como Ferentino y Valeria.

Junto a la erección de iglesias se introdujo el uso litúrgico de las imágenes de María. La más antigua de las que se tiene noticia es la que la emperatriz Eudoxia mandó desde Jerusalén a Constantinopla a su cuñada Pulqueria (451). Era atribuida a San Lucas y representaba a la Virgen con el Niño en brazos, mostrándonos el Camino (Odighitria)

Maria Odighitria y Maria Nicopeia en Venecia

En el siglo VI, en Oriente, muchísimas iglesias se enorgullecían de poseer imágenes famosas de María: la del Monasterio de las Almas (Hogeazwan) en Armenia que se atribuye a San Bartolomé, en Dióspolis en Siria, y en Constantinopla la de Blanquerna, venerada como protectora de la ciudad, y destruida por el iconoclasta <u>Constantino V Coprónimo</u> y sobre todo la "de la Fuente" (Nicopeia) hoy en día en el Museo de San Marcos de Venecia.

En esa época, en pleno apogeo del arte bizantino, los iconos marinos se convirtieron en uno de los temas favoritos de los artistas y un elemento común del ajuar doméstico. Todos los fieles los tenían en sus casas, los monjes en sus celdas, los anacoretas les encendían lámparas, hasta los había en las cárceles, para consuelo de aquellos infelices. Una bandera con la efigie de María ondeaba en el mástil del barco que condujo a Heraclio ante Constantinopla para combatir a Focas en el año 610.

En Occidente la difusión de las imágenes de María no fue tan popular pero fue expandiéndose al tiempo que las iglesias mostraban frescos y mosaicos con escenas de la vida de la Virgen. Los arcosolios en el cementerio de Santa Inés en Roma, o el de San Maximino en la Provenza, los mosaicos de Santa María la Mayor y la Theotokòs (*Salus Populi Romani*) venerada en la misma basílica, son buena muestra de ello.

Salus Populi Romani, Madonna de Ravenna y Duomo de Parenzo en Istria

Del mismo siglo VI es el ábside del Duomo de Parenzo en Istria (Poreç-Croacia) y la Madonna Orante de la Capilla Arzobispal de Ravenna.

De los sentimientos de verdadero culto y piedad filial que estas imágenes pudieran despertar en el corazón de los fieles podemos dar muestra recogiendo lo que se dice en una carta atribuida al papa Gregorio II (715-731): *"Ante una imagen del Señor decimos : Señor Jesús, date prisa en socorrernos y sálvanos, mientras que ante una imagen de su santa Madre decimos: Santa María Madre de Dios, intercede por nosotros ante tu Hijo, para que lleve nuestras almas a la salvación."*

Capítulo 41: Fórmulas y Ciclo de Fiestas Marianas

Una consecuencia del movimiento ascético-teológico que en los siglos IV y V contribuyó a poner en relieve la figura de la Virgen fue la inscripción de su nombre en los dípticos, en los formularios litúrgicos así como la introducción de un ciclo de fiestas en su honor.

Desconocemos cuando se comenzó a recitar el nombre de la Madre de Dios en la Misa. Algún liturgista eminente insinúa que en las palabras del canon "Communicantes...gloriosae semper

Virginis Mariae, Genitricis Dei et Domini Nostri Jesu Christi" intuimos que la expresión semper Virginis sea una inserción hecha en torno al 383 para protestar contra <u>Elvidio</u> que negaba la virginidad perpetua de María y que en cambio el "Genitricis Dei" lo haya sido después del concilio de Éfeso (431) quizás durante el pontificado de San León Magno (+461). De todas maneras a principios del siglo VI la conmemoración litúrgica de la Madre de Dios era ya un hecho en Roma y en las Galias, aunque quizás en Oriente se diese con anterioridad como lo demuestra el hecho de que las liturgias de Santiago y San Marcos, que se remontan al menos al siglo V, y que hacen amplia y solemne mención.

Debemos constatar como el genio eminentemente intelectual e imaginativo de los orientales haya pronto empezado, precediendo de mucho a los occidentales, a insertar en sus libros litúrgicos formularios propios en honor de María. Baste recordar entre otros muchos ejemplos, la antífona Sub tuum praesidium, la más antigua plegaria a la Virgen que se encuentra ya en un papiro copto del siglo III, y después pasada a la liturgia romana y ambrosiana, así como el famoso himno <u>"Achatistos"</u> compuesto en Bizancio en el año 626 en ocasión de la liberación de la ciudad en tiempo de Heraclio: se trata de un hermoso poema con 24 estrofas sobre el tema de la Anunciación que evoluciona y se resuelve en un espléndido coro de alabanzas a la Virgen, cantado con ardor de afecto y un entusiasmo de fe incomparable.

San Proclo de Constantinopla

En cuanto a las fiestas marianas, los primeros trazos se encuentran en Siria hacia finales del siglo IV. Todo parece indicar que la más antigua de ellas surgió en Antioquía hacia el 370, teniendo por objetivo, no tanto algún episodio concreto de la vida de María, sino más bien una conmemoración genérica de sus virtudes, especialmente de su integridad virginal. Tenemos en testimonio directo de Balay, escritor sirio y obispo de la región de Aleppo, y también en el célebre discurso de <u>San Proclo</u> , en el año 429, pronunciado en Constantinopla, en una festividad íntegramente dedicada a la glorificación de la Madre de Dios y de su integérrima virginidad (παρθενιά). Al parecer en algunas iglesias esta fiesta caía enseguida después de Navidad, quizás el 26 o 27 de diciembre o quizás algún día antes. En España la mayor fiesta de María se celebraba el 18 de diciembre.

En Occidente la Dormitio B.M.V, el Natalis Mariae de Añonuevo, la Anunciación y la Natividad fueron las fiestas más antiguas, introducidas por primera vez en Roma por la Iglesia Bizantina: el Gelasiano recoge las fórmulas de la Misa. En las tierras de rito galicano fueron del todo desconocidas hasta la adopción de la liturgia romana. La Purificación no adquirió un carácter prevalentemente mariano hasta los tiempos del papa Sergio (+701)

San Adriano en el Foro

Quizás sobre decir que la celebración de las antiguas fiestas de la Virgen era sustancialmente idéntica a los aniversarios de los mártires. Del apócrifo "De Transitu B.M.V" (siglo V) tenemos una bella descripción de la solemnidad del 15 de agosto celebrada en Siria y que consistía en el intercambio de pastelitos, cantos, lecturas bíblicas, recitación de la leyenda del Transitus para acabar con la celebración eucarística. No se afirma explícitamente la existencia de una vigilia nocturna, pero es muy probable que así fuese. En Roma el papa Sergio otorgó a las 4 fiestas marianas una brillante magnificencia añadiendo una procesión (letania) que congregándose en San Adriano caminaba hacia Santa María la Mayor, el gran santuario romano de la Virgen.

Capítulo 42: El culto mariano medieval

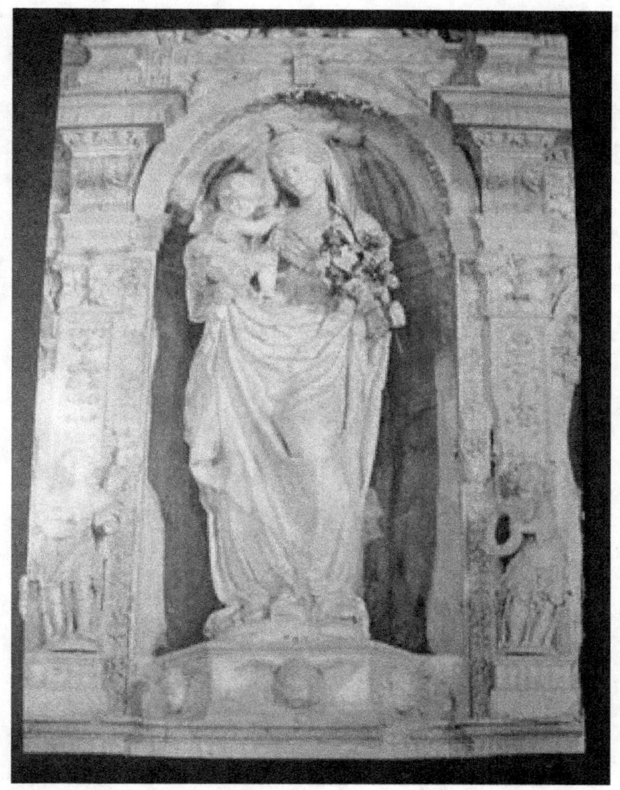

Sta María de Poblet (retablo de Damián Forment)

Una ulterior etapa en el desarrollo del culto mariano se inicia a principios del siglo XI y prosigue hasta bien entrado el siglo XV. Este periodo está caracterizado principalmente por el nacimiento de varias formas populares de devoción mariana, las cuales introducidas primeramente en los monasterios como prácticas privadas paralelas a las tradicionalmente litúrgicas, acabaron por penetrar y consolidarse entre los fieles.

La más importante de todas, y la que ejerció una amplia y duradera influencia, fue el Oficio Parvo de la Bienaventurada Virgen María. Al parecer tuvo su origen entre los benedictinos de Montecassino hacia el siglo VIII, pero no fue común en la Iglesia hasta mediados del siglo XI, gracias al celo de San Pedro Damiani (+1072) y a la exhortación del papa Urbano II en el Sínodo de Clermont (1095). En un principio reservado al sábado, como obsequio semanal a la Virgen, se convirtió poco a poco en un apéndice del oficio cotidiano de clérigos y una devoción popularísima entre los laicos de toda condición, como lo atestiguan los numerosos *Libros de Horas* llegados hasta nuestros días.

Hermann de Reichenau "el Cojo"

No satisfecha con el Oficio Parvo, la piedad medieval supo crear en honor de la Virgen un número verdaderamente enorme de textos de toda forma (himnos, antífonas, ritmos, secuencias, tropos, *versus,* responsorios…) y de toda índole de calidad, desde el *ritmo* tosco e ingenuo para cantarse como cantinela popular en las casas y en las tareas de los campos, a los *versus* y las secuencias maravillosamente artísticas de <u>Adán de San Víctor</u>

Los textos marianos en uso hoy en día en nuestra liturgia, se remontan casi en su totalidad a este periodo. Así la *Salve Regina* compuesta probablemente por <u>Germán *"el Cojo"* de Reichenau</u> (+1054), el *Ave Maris Stella*, el *"Quem terra, pontus, sidera"*, el *"Alma Redemptoris Mater"*, y sobretodo el Ave Maria, evidentemente sin la petición final (Sancta Maria, Mater Dei…) añadida a finales del siglo XVI.

Saludo Angélico: "Ave Maria gratia plena"

El *Ave María* tiene una historia vasta y compleja y presenta aún muchas sombras. Muy probablemente se desarrolló como una piadosa fórmula de saludo a la gran Madre de Dios, por los textos del Oficio Parvo y convertida en más expresiva y solemne por la genuflexión o postración que la acompañaba habitualmente. Adquirió en poco tiempo una popularidad inmensa. A ello contribuyeron análogas costumbres desde tiempo en uso en los monasterios y un ciclo de maravillosas y devotas, aunque no siempre auténticas, leyendas marianas, que gozaron de una gran difusión en todos los países de occidente. A su vez, el saludo angélico, consolidado en las costumbres religiosas del pueblo, dio origen a dos nuevas formas de devoción mariana de grandísima importancia por el desarrollo que más tarde adquirieron: el Rosario y el Ángelus vespertino.

Bajo el amparo de María la Merced

Otro coeficiente importante para la difusión del culto mariano vino dado por la propaganda y el ejemplo de las nuevas órdenes religiosas. Entre estas se distinguieron especialmente los Cistercienses (siglo XII), los cuales prescriben en su Regla consagrar sus iglesias a María, dedicarle una capilla en su interior y poner su imagen en el sello de la Abadía; los Premonstratenses (siglo XII), los Franciscanos (siglo XIII) acérrimos defensores de la Inmaculada Concepción, los Carmelitas (siglo XII) llamados vulgarmente los Hermanos de la Virgen y propagadores del famoso escapulario, los Servitas de Maria, fundados en Florencia en 1233, y la Orden de Santa María de la Merced, *redemptrix captivorum,* instituida por San Pedro Nolasco (+1256).

Montevergine (prov Avellino-Campania)

No debemos olvidar los santuarios de la Virgen surgidos en gran número después del siglo XIII en todos los países de Europa y que con sus peregrinaciones sirvieron de manera muy poderosa a mantener vivo entre el pueblo el sentimiento de piedad hacia la Madre de Dios.

Una ulterior etapa en el desarrollo del culto mariano se inicia a principios del siglo XI y prosigue hasta bien entrado el siglo XV. Este periodo está caracterizado principalmente por el nacimiento de varias formas populares de devoción mariana, las cuales introducidas primeramente en los monasterios como prácticas privadas paralelas a las tradicionalmente litúrgicas, acabaron por penetrar y consolidarse entre los fieles.

Capítulo 43: El culto mariano moderno

Altar del Rosario en Formiello (Nápoles)

La historia del culto mariano en los tiempos modernos (a partir del siglo XVI) no ha cambiado de fisionomía. Indudablemente ha señalado un mayor desarrollo y una mayor intensidad, que se ha afirmado no solo con la consolidación de las formas litúrgicas tradicionales y populares, sino también con la creación de nuevas.

A partir del siglo XV comienza el periodo más fecundo de la heortología mariana. Las antiguas cuatro fiestas principales ven desarrollarse otras de secundarias, nacidas sea para conmemorar algunos hechos menores en la vida de la Virgen, como el Dulce Nombre (1513), la Expectación del Parto (1573), la Presentación al Templo (1371), los Esponsales (1517), la Visitación (1389), sea para exaltar alguna especial virtud o privilegio, como el Rosario (siglo XIV), el Escapulario del Carmen (1376-86), la Dolorosa (1423), el Purísimo Corazón (1644), el Patrocinio (1679), etc.

Entre estas últimas adquirió una singular importancia en la era moderna, después de la definición del dogma por Pío X (1854) la fiesta de la Inmaculada Concepción, aún más popularizada a causa de las famosas apariciones de la Virgen en Lourdes en 1858, la conmemoración de las cuales en fecha 11 de febrero fue extendida a toda la Iglesia por San Pío X. Quizás no a todos gustó, desde el punto de vista del equilibrio litúrgico, este extraordinario crecimiento de fiestas dedicadas a la Virgen, de hecho muchas sufrieron la supresión de parte de la Santa Sede o su existencia estuvo amenazada. Ciertamente para muchos amantes y admiradores de un glorioso pasado, causa tristeza que junto al nacimiento y florecimiento de fiestas marianas secundarias haya sido en detrimento de las dos antiguas y tradicionales fiestas de la Purificación y de la Anunciación, que poco a poco en la práctica y devoción del pueblo cristiano hayan ido en decadencia.

La devoción del Rosario que en el periodo medieval permaneció como un módulo exterior de plegaria, en este periodo se perfecciona y enriquece, consiguiendo ocupar uno de los primeros puestos en el campo de la piedad mariana extralitúrgica. A darle este extraordinario impulso contribuyeron varias razones, entre las cuales el uso introducido en Alemania y en otras regiones de recordar después de cada avemaría y después de cada decena, un misterio de la vida del Señor y de la Virgen. La gran difusión de las cofradías del Rosario promovida por los dominicos e instituidas por el celo y la predicación del padre Alano de Rupe hacia 1470 hicieron el resto: estas se propagaron por toda Europa atrayendo gran número de fieles deseosos de participar a los bienes espirituales de todos los asociados. En Italia y en España, después del siglo XVI se puede decir que eran raras las iglesias donde no existiese una cofradía y un altar dedicados al Rosario. Justamente León XIII, con repetidas encíclicas y cartas, quiso consolidar todas esas bellas tradiciones, dedicándoles particularmente el mes de octubre.

Por último, entre las formas más recientes de culto que la piedad cristiana supo crear para testimoniar a la Virgen el inagotable sentimiento de amor y devoción a la Virgen, destacar el llamado *Mes de Mayo.* Algunos liturgistas han querido descubrir en él las huellas de los *Ludifloreales o Floralia,* celebrados en Roma desde tiempos remotos o en las fiestas de primavera tan populares durante el medioevo. Pero probablemente el mes de María, como hoy lo entendemos y como fue concebido por sus autores y propagadores, no tiene ninguna conexión histórica con las fiestas floreales paganas o medievales. De hecho la memoria más antigua del mes de María se remonta a penas a inicios del siglo XVIII.

Sabemos de un tal padre Ansaloni, jesuita (+1713) que en los últimos años de su vida solía acudir cada tarde de mayo a la iglesia de Santa Clara de Nápoles para oír cantos en honor de la Virgen y recibir la bendición con el Santísimo Sacramento.

Altares escolares y familiares para en el mes de Mayo.

Esta piadosa práctica la reencontramos más tarde en 1734 en Grazzano (Verona), en 1747 en Génova y de aquí paso a España. A mitad del siglo XIX se había generalizado por doquier.

Capítulo 44: Las Honras Fúnebres (I)

Lápida de Cornelia Avita (Abla-Almeria)

Las honras al cuerpo

Cuando en el lenguaje corriente se habla del "culto a los muertos", no se usa el término "culto" en el sentido teológico estricto de latría o de dulía (adoración o veneración) sino en su acepción vulgar de honras fúnebres tributadas a los difuntos.

Los ritos funerarios forman parte del ámbito religioso desde los tiempos más remotos de la humanidad. En todos los pueblos encontramos un empeño solemne y afectuoso por cuidar los cuerpos de los difuntos y darles respetuosa sepultura. La Iglesia, que ve en el cuerpo de los fieles un templo del Espíritu Santo, destinado a resucitar para la gozosa inmortalidad y lo considera objeto de sus carismas de santificación, no podía dejar de compartir estos sentimientos, aunque de forma adecuadamente ortodoxa.

En este sentido vemos como, al ejemplo del Salvador, los cuerpos de sus difuntos vienen cuidadosamente lavados, ungidos muchas veces, envueltos en vendas, impregnados de aromas y de perfumes, escoltados por cirios y depuestos en un sepulcro celosamente respetado. Según San Jerónimo, en las iglesias había clérigos que tenían el particular encargo de preparar a los cadáveres para su sepultura: *"clerici, quibus id officium est, linteo cadáver abvolverunt"*(los clérigos que tienen este oficio, envolvieron el cadáver con un lienzo) Un verdadero embalsamamiento o vestición con vestiduras preciosas, incluso bordadas en oro, ciertamente eran utilizadas pero sólo para cadáveres de personas ricas, de altos dignatarios o de célebres mártires. Leemos en las Actas de San Pancracio: *"conditum aromatibus, et dignissimis linteamínibus, involutum, condidit in sepulchro novo"*.

El cuerpo de Santa Cecilia fue hallado en el siglo IX por el Papa Pascual I (+894) aún bien conservado y revestido de telas preciosas. Habitualmente cada cuerpo era envuelto respetuosamente en largas tiras de tela que se entrecruzaban en el pecho y en la espalda y que envolvían incluso la cabeza. Los brazos se disponían en los costados. La frecuente representación de la resurrección de Lázaro en el arte cristiano antiguo, nos muestra la momia con todo el cuerpo, comprendida la cabeza y los brazos en los costados, envuelto en telas y vendas cruzadas, una representación ciertamente tomada de las costumbres de aquel tiempo. A menudo se envolvía el cadáver simplemente con un sudario como se hizo con el Señor, y como después, durante la Edad Media, fue en muchos lugares la costumbre imperante.

Mosaico en San Apolinar el Nuevo- Ravenna

Entre nosotros se prefirió mayormente revestir al difunto con la ropa que llevaba en la vida civil, a menos que hubiese expresado el deseo de vestir la túnica monástica o el hábito de terciario, o tratándose de eclesiásticos, la insignias de su propia dignidad. San Gregorio Magno atestigua que ya en la época del papa Símaco (498-514) sobre el féretro de los diáconos de extendía la dalmática. Hoy en día, a tenor de las normas del ritual, se suele poner entre los dedos del difunto un pequeño crucifijo, un rosario, o se disponen los brazos cruzados *in modum crucis,* además se enciende en la estancia una luz, para significar aquella bienaventurada luz a la cual piadosamente se espera haya llegado o se encamine. En torno y sobre el túmulo los antiguos derramaban ungüentos aromáticos: muchas cubiertas (tapas) de los antiguos sarcófagos llevaban agujeros con tubitos metálicos en los que de tanto en tanto se derramaban aromas. San Paulino alude a ello a propósito del sepulcro de San Félix de Nola. Pero en la mayoría de los casos lo habitual era poner en torno y encima del cadáver una espesa capa de cal.

Junto a las consideraciones y minuciosos cuidados para la conservación de los cadáveres, se unían otras no menos celosas, para asegurar un sepulcro alejado de toda profanación.

Son conocidas las más extrañas supersticiones que circulaban entre los paganos sobre la necesidad de una sepultura pacífica con fines a un pacífico reposo ultratumba. Si el cadáver hubiese quedado sin sepultura o peor aún, sus restos hubiesen sido destruidos o desperdigados, se creía que el alma estaba destinada a vagar perpetuamente sin esperanza de descanso. Los fieles, convertidos del gentilismo, llevaban consigo estos vagos errores, o depurados de lo más burdo, los combinaban extrañamente con el dogma cristiano. Se decía, por ejemplo, que la destrucción del cuerpo o la dispersión de sus restos, imposibilitaba la resurrección final. No todos se dejaban engañar por estas preocupaciones infundadas, pero la superstición pagana estaba profundamente arraigada en las masas, y la Iglesia a través de los escritos y las homilías de los Padres, tuvo que combatir mucho para liberar la mente de los fieles de estas supercherías.

Traslado del féretro de San Clemente

Por un lado, vemos el empeño obsesivo de los perseguidores que multiplican los rigores contra los malogrados cuerpos de los mártires, abandonándolos a las aves carroñeras, precipitándolos en las aguas, dándolos en pasto a las fieras y desperdigando sus cenizas. Por otro, grupos de valientes fieles, que sin ahorrar riesgos y gastos, los sustraen a la furia de los carniceros, rescatándolos cuando pueden, y dándoles honrosa sepultura. Las actas de los mártires están llenas de numerosos ejemplos. Los obispos además alentaban la audacia de los fieles en ese sentido. A veces era el mismo mártir antes de su inmolación que se interesaba antes de morir a fin que un amigo pudiese rescatar sus restos y darles sepultura. Las inscripciones habituales estaban inspiradas de unas tales preocupaciones. Tenemos muchos epitafios sepulcrales que van en esa dirección.

El deseo de asegurarse una eficaz tutela contra el peligro de la violación del sepulcro y de beneficiarse de la intercesión de los santos, hizo surgir la práctica de sepelio de los muertos en proximidad al sepulcro de algún mártir ilustre. En Roma los primeros papas buscaron su sepultura cerca de la tumba de Pedro. En África, cerca del sepulcro de San Cipriano en la vía Mappala se formó rápidamente una necrópolis cristiana. En Roma, en Milán, en Oriente, la sepultura *ad sanctos* era ya común en el siglo IV, aunque reservada a los difuntos "cualificados": San Ambrosio pensó deponer el cuerpo de su hermano Sátiro cerca de las reliquias de San Nazario, San Paulino hizo enterrar el cuerpo de su hijo Celso en Alcalá, cerca de los mártires complutenses Justo y Pastor. Sin embargo no todos compartían estas ideas: el papa San Dámaso se confesaba indigno de tales honores. Puede que el hecho de poner el cuerpo cerca de un mártir constituyese una presunción o una manera de lavarse la cara y el nombre después de una vida pecaminosa. San Agustín subraya que todo eso resultará inútil si no se une a las fervientes oraciones de los fieles por su salvación. La práctica era demasiado hermosa como para ser fácilmente abandonada. La Iglesia trató de limitar su aplicación concreta, para salvaguardar la debida reverencia al altar, pero no la prohibió de manera absoluta.

Pero si por una parte la Iglesia puso las adecuadas limitaciones a las sepulturas en lugares santos, fue constante su voluntad que el cuerpo de los fieles, antes de ser confiado a la tierra, fue llevado a la iglesia, ante el altar de Dios y ante él fuese ofrecida la Eucaristía, para que de aquel contacto sacro derivase un más eficaz motivo de sufragio. A finales del siglo IV esa práctica era común. San Agustín hablando de los funerales de su madre dice que la Misa fue celebrada en el cementerio de Ostia, al aire libre o más probablemente en una capilla funeraria superior. Parece ser que cuando se trataba de personas notables, el funeral se desarrollaba en una iglesia con gran concurso de pueblo y boato. Así para el cuerpo de San Ambrosio, para los funerales de Paula en Belén, de Fabiola en Roma, etc. En Roma, con el abandono de las catacumbas en el siglo V, esta fue la regla general. Y así es aún la disciplina de la Iglesia, aunque lamentablemente la proliferación de los Tanatorios y su régimen de horarios así como la falta de sacerdotes impiden la celebración de la misa *corpore insepulto*, con el cuerpo presente, antes de su inhumación. Levantada también la prohibición expresa de toda incineración en el Derecho Canónico de 1983, las costumbres de los fieles han cambiado notablemente.

Capítulo 45: La oración por los difuntos (II)

Que las almas que habían salido de este mundo pudieran necesitar de una expiación por las propias culpas antes de entrar en una vida feliz y que les pudieran ayudar los sacrificios y las oraciones hechas por los allegados, era una doctrina muy difundida entre los paganos. Platón trata de ello en diversos momentos y tanto las inscripciones cuneiformes de la antigua religión caldea como la egipcia contienen fórmulas litúrgicas de intercesión en favor de los difuntos.

En cuanto al judaísmo se refiere, recordar el conocido episodio narrado en el II Libro de los Macabeos (2ª mitad del siglo II a.C) donde son mencionadas y defendidas las oraciones hechas por los soldados caídos, bajo las túnicas de los cuales fueron encontrados objetos idolátricos, considerados causa de su muerte. Todos sus compañeros rogaron por ellos a Dios. Y Judas Macabeo recogió una colecta de 12.000 dracmas para ofrecer sacrificios expiatorios por sus pecados. El acto de Judas es entendido en sintonía con la esperanza en la resurrección: *el sacrificio ofrecido por ellos era para asegurarles un lugar en la resurrección gloriosa*. Con ello verificamos que los judíos de esta época rezaban habitualmente por sus muertos.

"Pesaje" de las almas

Que en la Iglesia antigua se hiciese algo parecido lo atestiguan tanto las referencias directas de los escritos apostólicos y patrísticos como la tradición litúrgica de los siglos III y IV. Resulta pues doctrina universalmente aceptada hasta el punto de que no hay lugar para dudar que sea muy primitiva. En los documentos del siglo I faltan alusiones a la plegaria por los difuntos excepto en un fragmento de la 2ª Carta a Timoteo en la que San Pablo hace votos para que *"el Señor conceda a Onesíforo encontrar misericordia ante Él en aquel día"* es decir en el día del juicio supremo.

Pero con el final del siglo II empiezan a abundar los documentos. Los apócrifos *Acta Pauli et Theclae (Hechos de Pablo y Tecla)* narran que la reina Trifena, requerida en sueños por su difunta hija Falconila, recurre a la plegaria de Tecla por su salvación y Tecla reza sin cesar al Altísimo para que secunde su deseo y la hija "Falconila, viva en la eternidad".

En África la célebre *Passio Perpetuae* nos muestra a la mártir que implora por su difunto hermano Dinócrates la gracia de pasar del lugar de la miseria, donde se encontraba al lugar "al lugar del refrigerio, de la satisfacción y del gozo". Tertuliano recuerda a la esposa cristiana que reza por el *refrigerium* del alma del difunto marido, y hace referencia a un difunto que en el intervalo entre la muerte y la sepultura fue acompañado por las "oraciones de un presbítero". San Cipriano habla de la misa celebrada por los difuntos *"pro dormitione"* como una práctica regular en la Iglesia de Cartago.

Icthys sepulcral paleocristiano

Son muy importantes a este particular las inscripciones sepulcrales. La del obispo de Hiérapolis San Abercio, anterior al 216 concluye así: *"Cualquiera que comprenda y consienta, rece por Abercio";* la de Pectorius (s. III) dice: *"En la paz de tu "Ichtys" recuérdate de Pectorio".* A la misma época pertenecen las siguientes inscripciones encontradas en los cementerios romanos, en las cuales está claramente afirmada la intercesión de los vivos a Dios en favor de los difuntos:

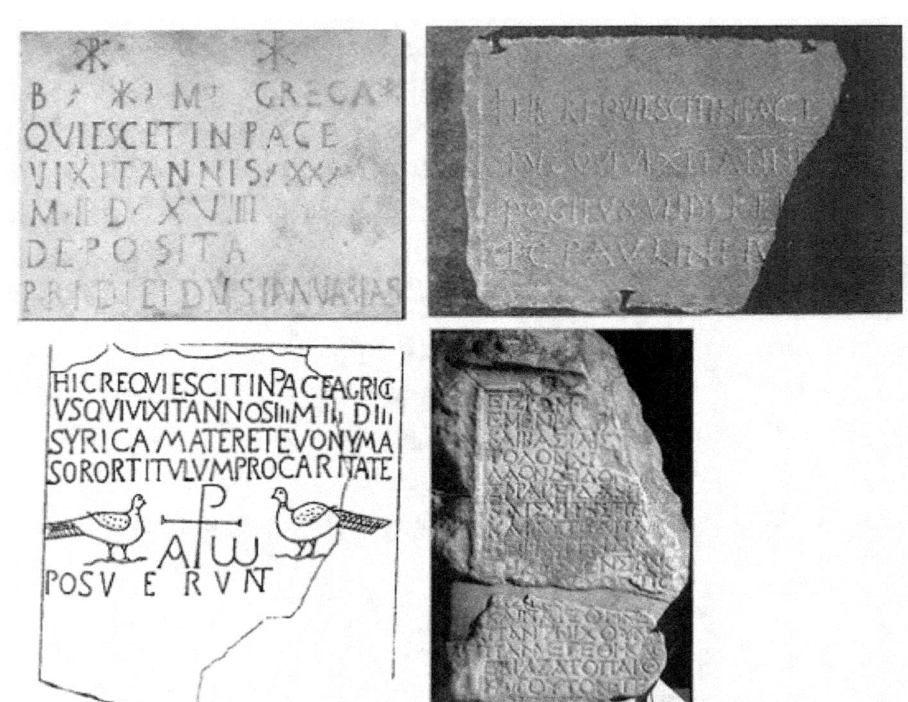

Lápidas sepulcrales paleocristianas

En el siglo IV la oración por los difuntos entra definitivamente en el cuado litúrgico de la Misa, tanto en Oriente como en Occidente (*Eucologio de Serapión, Libro VIII de las Constituciones Apostólicas,etc...*) A este propósito tenemos en torno al 305 el testimonio del africano Arnobio que deja entender como la conmemoración de los difuntos en el servicio eucarístico se había generalizado y convertido en habitual al mismo tiempo que protesta por la destrucción de las iglesias cristianas en las cuales *"se pide perdón y paz para todos para los que aún viven o para los que ya están liberados de las ataduras del cuerpo".*

No hay duda alguna que lo que él afirmaba para las iglesias de Numidia, debía ser válido para la Iglesia de Roma y habitual también en ella.

Capítulo 46: El Oficio de difuntos

La plegaria ordinaria por los difuntos era el eco ordinario de aquella otra, solemne y particular, que se realizaba en ocasión de la muerte de los fieles. Los salmos también en esta circunstancia prestaban sus acentos inspirados para expresar a Dios el dolor de los que se quedaban y la confianza cristiana en el reposo de aquella alma junto a Dios. Tal era la praxis vigente ya en el siglo IV durante el intervalo de tiempo que transcurría entre la muerte y el sepelio del cadáver. Durante el día, y si cabe más aún, durante la noche, se velaba al difunto, cantando y recitando los salmos. Así lo describe San Agustín en ocasión de la muerte de su madre Santa Mónica.

En Oriente, San Gregorio Niceno hace referencia a una vigilia nocturna, siguiendo el modelo de aquella usada en la fiesta de los mártires. En Occidente San Gregorio de Tours (+593) confirma unos usos similares en la Galia. No es difícil intuir cómo trascurría esa vela nocturna. La regla monástica femenina de San Cesario de

Arles (+543) habla de lecturas hasta la hora de Maitines. Previsiblemente acompañadas de la recitación de los salmos. Estos, en parte o por entero, intercalados con oportunas lecturas espirituales, constituían sustancialmente el nudo de la vigilia de difuntos.

Así de esta manera debían desarrollarse entonces las vigilias de los mártires, como quedaron huellas en la liturgia milanesa hasta la época de San Carlos. Por otra parte, la praxis de recitar todo el salterio durante el velatorio, se mantuvo por largo tiempo en la Iglesia. En Roma perduró al menos hasta el siglo VI en los monasterios benedictinos; también en Fulda en Alemania hasta el siglo VIII, y en el suizo de St. Gallen, en los de Inglaterra y Francia hasta el siglo XI y en los monasterios lombardos hasta el siglo XII. En Roma, fuera del ámbito monástico, hasta el siglo IX no encontramos trazos en ningún libro litúrgico.

La recitación del entero salterio podía hacerse en una comunidad religiosa, distribuyendo el peso entre dos o tres grupos de monjes a turno, pero eso era prácticamente imposible para las iglesias seculares. Por eso el completo Salterio fue sustituido por los siete salmos penitenciales, complementados con la Letanía de los Santos que a menudo era larguísima, o con otras plegarias adecuadas. Este complejo formulario eucológico constituyó el núcleo más antiguo de la *"Commendatio animae"* (Recomendación del alma) que después de ser recitada junto al lecho del moribundo sirvió como plegaria de sufragio también en torno a su féretro. La *Commendatio* de hecho se encuentra prescrita en los rituales más antiguos, sea en el velatorio fúnebre *praesente cadavere* como para el 3º, 7º y 30º día de la muerte y en aniversario, y como fórmula litúrgica genérica para el sufragio de difuntos. Esta es la razón por la que la *Commendatio animae* se encuentra a menudo en los Sacramentarios y en los Libros de Horas medievales.

Hay que observar que esta fue largamente usada porque cuando surgió, hacia mitad del siglo VIII, el Oficio de Difuntos propiamente dicho aún no había entrado en el uso litúrgico general. Sin embargo después del periodo carolingio este en un primer momento fue asociado a la Commendatio, y después poco a poco la superó y finalmente la sustituyó, haciéndola prácticamente desaparecer como oficio mortuorio.

 **Libro de las Horas medieval**

El historiador litúrgico Callewaert demostró que el origen del Oficio de Difuntos no es monástico, ni fue compuesto en el siglo VIII como se creía, sino que al parecer es anterior incluso a San Gregorio Magno tal como lo demuestra el examen de sus partes: el número y el ordenamiento de los salmos es netamente romano, sin trazos galicanos o monásticos, y sin los añadidos posteriores a San Gregorio (preces introductorias, invitatorio, himnos, el capítulo, la doxología final de los salmos…), por lo cual se puede deducir que el Oficio fue calcado del Triduo Sacro, representando un estadio litúrgico pregregoriano. Las conjeturas de Callewaert han sido confirmadas por el Ordo de Juan, el Archicantor de San Pedro que en torno al 680 atestigua la práctica litúrgica bastante difundida. También Amalario admite implícitamente la proveniencia romana ya que da fe que este se encontraba en los primeros antifonarios llegados a la Galia desde Roma en el siglo VIII. Callewaert ha demostrado que el Oficio de Difuntos fue creado no para la vigilia del difunto, sino para el 3º,7º y 30º día como añadido al oficio cotidiano.

Una de las características esenciales del Oficio de Difuntos es que a diferencia de los otros oficios, la Iglesia no reza en nombre de todos: si no que tomando el lugar de las almas del Purgatorio, gime e implora en la persona del difunto.

Capítulo 47: La Misa de difuntos: los "Nómina"

Ofertorio en una misa de difuntos (miniata)

La recitación de los nombres

Podemos afirmar con fundamento que la Iglesia desde los inicios comenzó a aplicar en sufragio de sus hijos difuntos, toda la fuerza del sacrificio de Cristo celebrando por ellos la Santa Misa. Ya la *Apología de Arístides* del año 140 nos da testimonio de ello: "Si alguno de los fieles muere, despedíos de él celebrando la Eucaristía y rezando en torno a su cuerpo". También en el apócrifo oriental *Acta Johannis* redactado hacia el año 150, se representa al apóstol que reza sobre la tumba de Drusiana fallecida tres días antes celebrando cerca la "fractio panis" (*ut ibi frangeret panem*). En Cartago, Tertuliano hacia el final del siglo II, menciona como práctica usual la celebración de la misa en el día de la sepultura y en el aniversario de un fiel: *oblationes pro defunctis, pro nataliciis, annua die facimus.* También San Cipriano nos habla de una tradición eclesiástica antigua: no ofrecer el sacrificio en sufragio de aquel que haya trasgredido la prohibición de nombrar a un clérigo como su tutor o cuidador. A menudo utiliza las expresiones: ofrecer el sacrificio por alguien, con motivo de su muerte, nombrarlo en las preces y similares. Estas expresiones se convertirán en normales en los escritores eclesiásticos de siglos posteriores.

La expresión *nominare in prece* hace referencia a algo particular: que el diácono pronunciase en el altar el nombre de un difunto en la misa *pro dormitione*. San Agustín hace referencia al deseo de su madre: *"haced memoria mía en el altar"*; deseo que él y sus amigos satisfacen *"rezando por ella, con fervor, mientras se ofrecía según su deseo, el sacrificio de nuestra Redención"*. Y el mismísimo Agustín, responde al herético Aerio del Ponto, que retenía como irracional y absurdo la costumbre de nombrar a los difuntos en el santo sacrificio, respondiéndole que tal era la práctica admitida universalmente en la Iglesia, con la cual entendía expresar que los difuntos vivían con Cristo y que por Él nosotros permanecemos en comunión con ellos. Por este motivo la lectura de los nombres de aquellos que habían muerto fuera de la comunión de la Iglesia estaba excluida.

Diptico Barberini (Museo del Louvre)

Además fuera de los difuntos ocasionales, había una serie de nombres de difuntos, beneméritos de la Iglesia o particularmente recomendados a las oraciones de los fieles, que debían ser leídos habitualmente excepto los domingos y fiestas durante la misa. Formaban el Díptico de los Difuntos, cuya lectura pública se mantuvo al menos hasta el siglo X y quizás incluso más tarde. Tenemos un ejemplo en el célebre "Díptico Barberini" que en el reverso de la placa ornamental lleva grabados más de 350 nombres pertenecientes a la época merovingia. La española Ana Belén Sánchez Prieto, doctora en Historia Medieval y dedicada a la Codicología, y residente en los Paises Bajos está concluyendo o ha concluido ya una tesis doctoral en la Universidad de Tilburg sobre los "libri vitae" y los "rotuli mortuorum".

La española Ana Belén Sánchez Prieto, doctora en Historia Medieval y dedicada a la Codicología, y residente en los Paises Bajos está concluyendo o ha concluido ya una tesis doctoral en la Universidad Católica de Tilburg sobre los "libri vitae" y los "rotuli mortuorum".

Libri vitae et rotuli mortuorum

Ambos son medievales, aunque los *libri vitae* son más antiguos, la mayor parte de ellos empiezan en el siglo IX y algunos de ellos se continúan hasta el siglo XVI. Son unos tomos en los que algunas iglesias (los que se nos han conservado son normalmente de instituciones monásticas, a veces también catedrales) en los que se inscribían los nombres de miembros de otras comunidades religiosas o de benefactores laicos, con el fin de interceder por ellos durante la misa. De hecho, se depositaban sobre el altar o cerca de él, de modo que los inscritos allí (vivos y muertos) podían participar del sacrificio ofrecido. Se puede decir por tanto que son una especie de continuación de los dípticos, tanto de los dípticos de vivos como de los de difuntos, y que cuando la lista empezó a

304

hacerse demasiado larga para recitarlos durante la misa se cambiaron por esta modalidad.

Los *rotuli mortuorum* son un poco más recientes, pero obedecen a la misma necesidad de intercambiar oraciones. Los más antiguos son del s. X. Cuando alguien importante moría (obispo, abad, noble laico) un emisario (normalmente un monje) iba recorriendo los lugares de alrededor (aunque a veces el periplo duraba más de un año con un radio de unos 700 km), comunicando la noticia y portando un rollo de pergamino en el que quienes lo desearan escribían una oración por el difunto.

La idea de una tesis sobre estos documentos puede decirse que fue casi por inspiración divina –me confesó un día la investigadora– ya que surgió del entierro de una tía de su marido en un pequeño pueblecito del sur de los Países Bajos, donde han conservado costumbres similares. Desde aquí saludo con simpatía de amigo y fervor de liturgista a nuestra historiadora en Holanda.

Es fácil imaginar que con el tiempo llegó a resultar imposible recitar la legión de nombres que debió acumularse y debía alargar muchísimo la celebración. El sacerdote se contentó pues con leer el nombre de los más importantes añadiendo acto seguido una fórmula colectiva de recomendación a Dios, bajo el modelo de *"collectio post nomina, post dyptica"*, propia tanto de la liturgia galicana como hispánica. Bajo esta forma apareció el Memento de difuntos en nuestra liturgia romana. En el Leoniano encontramos cinco formularios para difuntos para el mes de octubre, y posee un "Hanc igitur" propio. Así ocurre en el Gelasiano con 13 formularios propios. El Gregoriano es más parco en el número de formularios y muy parecido a los hoy presentes en el Misal.

Capítulo 48: La Misa de difuntos: los textos (2)

En cuanto se refiere a las diversas partes de la Misa de difuntos, se puede afirmar que únicamente el Introito y el Gradual son de época gregoriana y que el resto son de origen más tardío.

El texto del introito *Requiem aeternam* está tomado del apócrifo IV Libro de Esdras, considerado canónico hasta tiempos del papa Gelasio (+495). Por lo cual supondríamos que su introducción en la Misa Romana es anterior a la época de San Gregorio Magno, tal como deja entender el *Ordo* de San Pedro. Su uso en la liturgia fúnebre ya en el siglo VI está confirmado por los numerosos epitafios encontrados en el área cementerial de Aín-Zara (Trípoli) que lo reproducen literalmente. Junto a ese texto encontramos desde un inicio dos versículos del salmo 64 *Te decet hymnus in Sion,* aunque en épocas antiguas se cantaba todo. Incluso el antifonario Gregoriano sugiere que si el tiempo lo requiere se añadan dos salmos más, el 4 (Cum invocarem) y el 56 (Miserere mei Deus). El gradual *Requiem,* cuya antigüedad va pareja al introito, lleva como versículo uno sacado del salmo 111 (*in memoria aeterna erit justus*). Algunos manuscritos litúrgicos de los siglos X y XI colocan en lugar de este gradual, el gradual *Qui Lazarum,* texto tomado del II responso del Oficio de Difuntos.

El canto del Aleluya se encuentra excluido en el uso romano, al menos desde el siglo XI. Dice Amalario "en esto difiere de la misa habitual: que no tiene Gloria ni Aleluya y que se celebra sin ósculo de la paz". Pero en época más arcaica el canto del Aleluya no era incompatible con el oficio fúnebre, ya que San Jerónimo describiendo los solemnes funerales por Fabiola dice que resonaba el sublime canto del aleluya. El uso se mantuvo hasta el siglo XI.

La secuencia Diesi rae es sin duda el texto más característico de la misa de difuntos, sea por el contenido doctrinal, como por el profundo sentimiento religioso así como por su profundidad lírico-dramática, que se expresa con acentos simples pero vigorosos. Su preludio se inspira en un testo de Sofonías, y se desarrolla como tantas otras composiciones del siglo X-XI en torno al tema del Juicio Universal. Por este motivo parece bien fundada la hipótesis de Ermini que sostiene fue compuesto para servir de secuencia en la misa del primer Domingo de Adviento. Ha llegado hasta nosotros como anónimo. Hasta hace relativamente poco se creía que fuese su autor el franciscano Tomas de Celano que vivió en la primera mitad del siglo XIII, pero el hallazgo de un texto del siglo XII, realizado por el benedictino maltés Dom Mauro Inguánez (1887-1955) desmiente la hipótesis anterior. El texto primitivo contiene 16 estrofas. Las dos estrofas posteriores *Lacrymosa* y *Judicandus,* así como los dos últimos versos (*Pie Jesu Domine, dona eis réquiem sempiternam. Amen)* son un añadido posterior para dar a la secuencia una referencia a los difuntos. En su origen el Dies irae debió ser la oración de un alma arrepentida que implora misericordia a Dios. Más tarde pareció oportuno poner esos sentimientos en boca de un difunto y por ello los misales franciscanos la introdujeron en el siglo XIII. Más tarde, en el XVI pasó al misal romano que la introdujo como obligatoria en la reforma de San Pío V.

Dom Mauro Inguánez, O.S.B. (izquierda)
Pontifical de Requiem en Washington (derecha)

El texto de la antífona de ofertorio *Domine, Jesu Christe* ha sido muy discutido por ciertas imágenes y expresiones por ciertas imágenes y expresiones: *"libera animas de poenis inferni, de profundo lacu, de ore leonis, ne absorbeat eas tartarus, ne cadant in obscurum, fac eas de norte transire ad vitam...* (libera las almas de las penas del infierno, del lago profundo, de la boca del león, no las absorba el tártaro, no caigan en la oscuridad, hazlas pasar de la muerte a la vida...). Algunos ven un fuerte acento pagano en ellas si bien es cierto que encontramos expresiones bíblicas análogas que se corresponden con los textos de la antigua *Commendatio animae,* teniendo en cuenta que el término *líbera* más que librar significa preservar de un mal posible. Invocaciones que habitualmente se repiten tras la muerte de un difunto como plegaria de sufragio. El texto no lo encontramos en el antifonario gregoriano, quizás porque es una composición tardía de origen galicano, con retazos orientales como la invocación al "portaestandarte San Miguel" propio de la iconografía copta. Digno de ser observado es el carácter antifonal que posee quizás debido a la necesidad de prolongarlo debido a las ofrendas de dinero y cera que se realizaban por el pueblo a sufragio del difunto. En los funerales de ilustres personajes se ofrecía incluso su caballo para que vendiéndose el dinero obtenido sirviese como ofrenda al sacerdote para la celebración de misas en beneficio de su jinete, el caballero difunto.

En cuanto al prefacio, encontramos diversas fórmulas en el Gelasiano pero ninguna fue asumida por el misal de San Pío V. La actual fue introducida por Benedicto XV en 1919 extraída de los misales galicanos e introducida con algún retoque no muy logrado. Las particularidades de la misa de difuntos hasta el misal de 1962 fueron:

a. La supresión del salmo Judica me Deus al pie del altar, ya que es un salmo de alegría. También se suprime el incienso al introito y al evangelio en la misa cantada, por el mismo motivo

b. La supresión de la bendición del agua en el ofertorio, pues significa el cuerpo de los fieles bendecido antes de unirse a Cristo simbolizado en el vino. Como los difuntos no son ya miembros de la Iglesia militante carece pues de sentido.

c. Supresión del Ite missa est y de la bendición final, pues sigue la función de la absolución exequial.

d. Supresión del ósculo de paz que es preludio litúrgico de la comunión, la cual en época medieval no se administraba en las misas de difuntos.

Capítulo 49: El Responso

Miniatura de un funeral en un Libro de Horas

Acabada la misa cantada de *Requiem,* estuviera o no presente el cadáver, siguiendo las normas del Ritual Romano, debía seguir el rito del responso. El ritual no concede un nombre específico a esta parte litúrgica, pero en el contexto la denomina "Absolutione". En castellano se denomina simplemente *responso* mientras que en catalán usamos un plural: *les absoltes,* en italiano en cambio: *assoluzione).* La finalidad de este rito no es, como podría pensarse de absolver al difunto de sus pecados, cosa que la Iglesia ya no puede hacer, sino de insistir de nuevo a Dios para que tenga misericordia de él y lo *absuelva* (de *absolvere:* desatar) de la deuda de sus culpas. La fórmula clásica que conservaban los libros litúrgicos medievales decía justamente: "Absolve, quaesumus Domine, animam famuli tui…". Ningún tipo de duda pues que ésta haya sugerido el título de la ceremonia, la cual tuvo una importancia y complejidad mayor de la que tuvo hasta que la reforma litúrgica del 69 la conservó únicamente estando presente el cadáver y nunca sin este. La forma extraordinaria del rito romano la conserva tal como era prescrita hasta su supresión en la reforma de Pablo VI.

El Pontifical Romano de la Curia del siglo XIII, obliga al celebrante antes de comenzar el responso de un clérigo, a interpelar al clero circundante el féretro *in corona: Placet vobis ul absolvatur frater iste defunctus? (¿Quereis que se absuelva a este hermano difunto?)* Y obtenida la respuesta: *Placet,* se llevaba a cabo la ceremonia.

Los funerales de San Martino- Bergognone (Milán)

El rito del responso no es antiguo, ni originariamente romano. Encontramos las primeras huellas en el Misal de Rathold del siglo X que contiene con ligeras variaciones todos los elementos salvo el *R/ Libera me, Domine* que es sustituido por el *R/Subvenite*. La oración *Non intres* que da comienzo al rito se encuentra ya en el Sacramentario Gregoriano formando parte de la *Commendatio Animae*. Curiosamente el *Libera me Domine* posiblemente compuesto en el siglo IX llegó a ser la pieza más característica y popular. En el texto original que nos reporta el Antifonario de Hartker del siglo X falta el fragmento *Dum veneris judicare saeculum per ignem,* cuya inserción tardía se revela también por su acompañamiento melódico, sensiblemente diferente al de las otras partes.

La ceremonia incluye la bendición del cadáver, que viene incensado y es rociado con agua bendita. En el uso romano del siglo XII la incensación tenía lugar a principio de la misa, después de la incensación del altar al principio de la celebración. Dejaba la aspersión para el final, introducida ésta en el siglo XIV. La oración *"Deus, cui proprium est..."* es una tardía composición galicana, que acabó relegando la más antigua y característica que era la *Absolve* ya citada, que fue colocada al final de las Laudes.

Incensación y aspersión del cadáver en su túmulo

El ritual subraya que el rito del responso vale tanto para laicos como para sacerdotes, mientras que señala una forma más solemne para el Papa, Cardenales y Obispos, así como para las autoridades civiles. Pero en un principio la forma más simple era igual para todos. Es en los libros litúrgicos del siglo XIII que encontramos una forma más solemne para el responso, en ocasión de algún prelado de la Corte Pontificia. En este caso el responso no sólo era ejecutado por el Obispo celebrante, si no acompañado por cuatro obispos más, los cuales colocados en las cuatro esquinas del féretro, repetían cada vez la incensación del altar y del féretro, mientras la *schola* cantaba un responsorio con algunos versículos (*capitula*) para acabar recitando una oración cada uno. El rito concluía con la quinta oración del Celebrante, precedida de un sermón sobre la vida del difunto *(de vita sua)*. Esto pasó a la misa de difuntos en la cual no se predicaba si no que antes del responso final iba acompañada de un sermón panegírico sobre el finado. Estos responsos múltiples de las dignidades eclesiásticas o civiles pasaron al Pontifical Romano, en el cual se prescriben sean realizadas o por Obispos o en su defecto por canónigos o eclesiásticos relevantes por su cargo.

Catafalcos varios (con o sin cuerpo presente)

Hacia finales del siglo XI en algunas iglesias del norte de Italia y de Europa central se introdujo un añadido curioso: deponer sobre el pecho del difunto o dentro del féretro, una forma de responso escrita en un pergamino o incisa sobre una cruz. Un uso similar aún es conversado entre los griegos.

Capítulo 50: Cortejo, inhumación y "Refrigerium"

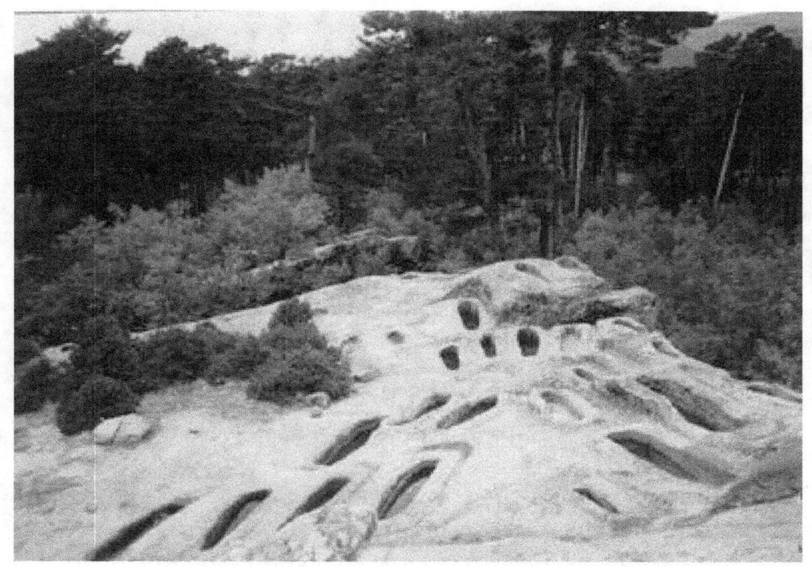

Necrópolis en Quintanar de la Sierra s. X

Los cortejos fúnebres que escoltaban al cadáver hasta el lugar del reposo eran un deber sagrado para los paganos. Ya eran ancestrales en tiempos de la Republica romana, teniendo lugar después de la puesta de sol y llevando los que participaban, cirios y farolillos encendidos. En época imperial pasaron a hacerse durante el día, pero permaneció la costumbre de llevar cirios como signo de honor al difunto. No hay nada de reprobable en estas costumbres y la Iglesia las mantuvo. Poseemos numerosos testimonios escritos de recomendaciones en ese sentido. Por respeto a esa tradición ininterrumpida y plurisecular que la Iglesia desea que junto al cadáver de los fieles, en el cortejo fúnebre, se enciendan luminarias para simbolizar aquella luz de Dios en la cual ellos en vida confiaron; también en la Iglesia, junto al féretro y en el altar se encendían más velas y candelas que de ordinario. La prescripción tras la reforma litúrgica postconciliar de colocar el cirio pascual junto al féretro durante las exequias, tiene su origen en esta tradición simbólica.

Plañideras medievales

Los paganos disponían que el féretro fuera precedido de las plañideras (*preficae*), mujeres bien consideradas que simulaban el llanto y el duelo, mientras cantaban sus *nugae* en honor del difunto. La Iglesia sustituyó sus voces quebradas con el canto de los salmos, himnos y plegarias *(Non ululatus, non planctus, ut inter saeculi homines fieri solet, sed psalmorum linguae diversae)* Tertuliano recuerda la sepultura de un fiel acompañada por la oración de un presbítero; pero es a partir del siglo III, cuando los ritos cristianos pudieron desarrollarse libremente, cuando se consolida la salmodia como canto de acompañamiento de los cortejos fúnebres. San Jerónimo atestigua que San Antonio dio sepultura a San Pablo eremita *"cantando los salmos e los himnos de la tradición cristiana"*. Las Constituciones Apostólicas hacen referencia a los salmos 114 y 115 como parte de la liturgia fúnebre, añadiendo también los salmos 22, 26, 31, 90, 50 y 120 cuyos versículos se encuentran frecuentemente en las lápidas funerarias de esta época. Víctor, obispo de Vita, en la provincia romana de Bizacena (act. Túnez) cita como la mayor de las desgracias y desventuras a las que tuvieron que verse sometidos los católicos en África durante la persecución de los vándalos, la de tener que transportar a sus muertos sin el canto de los salmos "en silencio".

El Ritual Romano prescribe una serie de cantos para ser ejecutados durante el trayecto de la casa del difunto (alzamiento del cadáver) llegando a la iglesia y llevándolo al cementerio. En todos ellos está muy presente el símbolo de los ángeles en su función psicogógica (conductores de almas) sin duda en directa referencia al pasaje del evangelio de Lucas relativo a la muerte del mendigo Lázaro. El canto *In paradisum* es la mejor muestra de ello: compuesto entre los siglos III-V a partir de dos textos simultaneados: el del inicio y la segunda parte que comienza con las palabras *"chorus angelorum"*. El canto del *Benedictus* durante el trayecto de la iglesia al cementerio es un resto de las laudes que se cantaban acabada la misa.

En el marco sereno de cantos y oraciones, velas e incienso, el cadáver era trasladado al sepulcro, amortajado con un sudario y el ataúd abierto, se colocaba en unas andas adornadas con telas y llevadas por los *lecticarii* (porteadores) excepto si la dignidad del difunto obligaba a que la transportasen personajes cualificados (familiares, amigos, clero, obispos, etc..) Constantino al trasladar la capital del Imperio a Bizancio instituyó una asociación de 950 porteadores para que gratuitamente desempeñasen todos los oficios fúnebres. En Roma tal oficio correspondía a los *fossores*, que además cumplían la misión de policía de cementerios. Siendo el cadáver cosa sagrada había que protegerlos de los rateros, conocidos en Roma con el despreciable nombre de *vespillones*. Los *fossores* eran considerados una dignidad eclesiástica inmediatamente tras el orden de los subdiáconos.

Llegados al cementerio que por la ley romana se extendía fuera de la ciudad (extra muros) en los barrios periféricos y a lo largo de las vías, también el encargo del entierro recaía sobre los *fossores*. El cadáver era colocado con la cara mirando a oriente: en Roma la orientación de la tumba era una consecuencia de la costumbre general usada en el culto público.

Antes de deponer el cadáver en el sepulcro era costumbre, como en Oriente, de dar un beso al difunto diciéndole tres veces adiós. Una antigua costumbre recoge el uso romano de que el sacerdote esparza encima del ataúd un poco de tierra diciendo: *"Sume, terra, quod tuum est; terra es et in terram ibis"* (Acoge oh tierra lo que es tuyo: eres tierra y a la tierra vuelves). La simbólica ceremonia, restos de un uso antiquísimo muy familiar a los romanos, no fue acogida por el Ritual de Paulo V (1614), pero dejó una pequeña huella en una rúbrica existente en las antiguas ediciones en la que se decía que cuando hay imposibilidad de ir al cementerio y las exequias tengan lugar en casa del difunto, durante el canto del Benedictus el sacerdote bendiga un poco de tierra y la coloque en el féretro.

No está de más llegados a este punto, recordar algunas vetustas observancias fúnebres que si bien no eran de uso general, ni siempre aprobadas, gozaron de mucho crédito en algunas iglesias.

La primera era poner en la boca del cadáver una forma eucarística. La práctica estaba extendida por todo occidente y en oriente desde el siglo IV hasta el siglo VII, a pesar que el III concilio de Cartago del año 398 la reprueba. Lo que sí era común en Roma es dar la comunión a los agonizantes y moribundos. Cuando la costumbre de poner la comunión en boca de los difuntos decayó, fue en alza la costumbre de poner una píxide con la Eucaristía en el ataúd o un cáliz con un poco de *sanguis* consagrado. Cuenta San Gregorio Magno que San Benito hizo colocar una partícula eucarística en el pecho de un monje difunto. El origen de esta práctica hay que buscarlo en el temor supersticioso, muy común entre los fieles, a que influencias diabólicas o manos sacrílegas pudiesen ultrajar sacrílegamente los cuerpos de los difuntos y con ello molestarlos en su reposo de ultratumba: la presencia de Cristo les aseguraba la inviolabilidad. Con esta finalidad se colocaban también amuletos: clavos, campanillas, reliquias, láminas de oro o plata con inscripciones con el nombre de los arcángeles, etc...

Refrigerium catacumbal

Unido a estas creencias supersticiosas, residuo de una mentalidad pagana que costaba arrancar de los fieles, hay que entender el *refrigerium,* muy común tanto entre los paganos como entre los cristianos hasta el siglo VI. Se creía que el alma aún tenía necesidad de comer y beber. Por eso se llevaban a la tumba, en los funerales o en el aniversario, alimentos varios: pan, vino, agua, y otros, para que el alma se refrigerase es decir encontrase alivio para sus eventuales deseos. El concepto *refrigerium* lo encontramos en los epitafios cristianos aunque en sentido optativo y ortodoxo de "calmar la sed".

Con la misma palabra encontramos una libación de vino o un banquete celebrado por los parientes junto a la tumba del difunto, en su honor, con el fin de continuar en comunión con él. Se consideraba que él estaba presente en el *convivium* ofrecido y con esta "merienda" concluían los fastos funerarios. Restos de esta costumbre pagana también presente entre los celtas lo tenemos en algunos países como en Estados Unidos, donde por la presencia de irlandeses y británicos es común un ágape funerario después del funeral. En la Italia meridional aún hoy en día los vecinos y amigos van a dar el pésame llevando comida y bebida (tomate, pasta, vino, café, azúcar, galletas, harina, etc…) alimentos que sirven a la familia para cocinar un gran ágape informal que es servido, con un cierto silencio y parquedad de elementos festivos, después de la misa de funeral para todos los asistentes… en casa del difunto. El olor tradicional de los duelos y velatorios en la Italia meridional no es a cera y a la naftalina de la ropa negra de luto, si no a café y pastas, a ragoût de tomate y verduras, y a polenta con queso, servida con hogazas de pan recién horneado, cumpliéndose aquello de "el muerto al hoyo y el vivo al bollo"

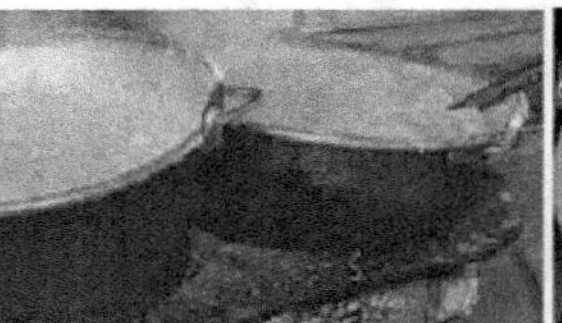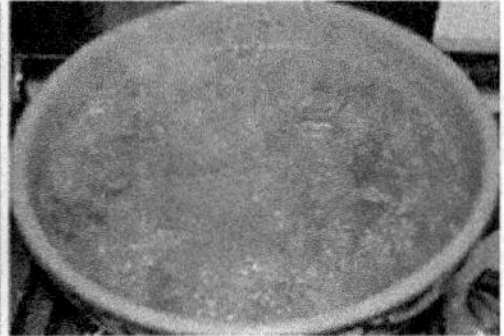

Fiesta de Todos los Santos y Sufragio de Difuntos

Desde el siglo IV las Iglesias de Oriente hacen una solemne memoria de todos los santos mártires en el tiempo pascual (Siria) o inmediatamente después de Pentecostés (Bizancio) La fiesta es como un estallido del triunfo pascual de Cristo con todos sus santos. En Roma también existía una fiesta de todos los santos mártires y se celebraba – a causa de la influencia bizantina- el domingo después de Pentecostés. Más tarde fue trasladada al 13 de mayo, a causa de las Témporas. En ese día del año 609, Bonifacio IV transformó el Panteón, o templo dedicado a todos los dioses, en iglesia cristiana, dedicándola a Santa María y a todos los santos mártires. Los países celtas y francos celebraban el primero de noviembre una fiesta dedicada a todos los santos. En el año 835, Luis el Piadoso la introdujo en Roma, y en poco tiempo la fiesta se extendió por todo Occidente. Toda la liturgia de ese día respira paz y amor, serenidad y confianza. Es una fiesta llena de esperanza, de una esperanza que en la fe, nos une a todos los santos del cielo y nos hace intuir lo que seremos en la *"consumación de los siglos"* La ciudad de Dios se abre materialmente a todos sus hijos que, victoriosos, llegan al final de la larga peregrinación terrena. Allí seremos recibidos no como extranjeros, sino como conciudadanos de los santos y miembros de la familia de Dios, herederos de Dios y coherederos de Cristo. No olvidemos la bienaventuranza que nos espera en la gloriosa ciudad de Dios. Todos los que amamos están allí. Impacientes en su amor nos esperan.

La liturgia de la Iglesia ora a menudo por los difuntos, y esta oración tiene su fundamento en las primitivas memorias de los mártires. En los primeros siglos la Iglesia rezaba a menudo por los santos mártires y por los difuntos sin especificar, significando de este modo la glorificación de los santos o la liberación de las almas insuficientemente purificadas del pecado.

La misa de difuntos alcanzó pronto una gran importancia. Tenemos ya un testimonio del año 170 en un libro de los Hechos apócrifos del Asia Menor llamado *Acta Iohannis*, que hace referencia a misas de difuntos el tercer día después del entierro. Se celebró en el mismo mausoleo, y la costumbre de celebrar el aniversario también data de ese periodo. La misa del día séptimo y trigésimo aparece en el siglo IV, y en otros sitios se observaba en su lugar el día noveno y cuadragésimo, fechas todas estas que, junto a la costumbre de celebrar en el día del entierro una ceremonia religiosa conmemorativa, tienen su origen antiguo en tradiciones precristianas, que ahora se reemplazan por la celebración eucarística. Entre estas celebraciones precristianas sobresalía el *refrigerium*, o sea una cena conmemorativa, que se tomaba junto al sepulcro, sin que se guardasen fechas especiales. De ella sabemos por ciertos documentos que llegó a celebrarse en los siglos III y IV junto al sitio en que entonces descansaban los restos de los santos apóstoles Pedro y Pablo. Con todo, esa costumbre, contra la que tuvo que proceder la autoridad eclesiástica a causa de los abusos que en ella se cometían, pudo ser substituida por la celebración de la Eucaristía en forma de misa votiva sobre el sepulcro de los santos apóstoles y mártires y por una misa de difuntos en el lugar del enterramiento de los parientes.

De todos modos, hacia fines del siglo VI no era ya nada insólito el que los sacerdotes dijeran misas de difuntos durante una serie de días sin que nadie asistiese a ellas. Esto se deduce de la narración de San Gregorio Magno en que refiere cómo le había contado el obispo Félix que un sacerdote piadoso de la iglesia de San Juan de *Centumcellae* (Civitavecchia) queeía regalar dos panes de los que se solían ofrendar en la misa a un hombre desconocido que en el establecimiento público de baños calientes le había servido ya varias veces; este le dijo que no le regalase tales panes, sino que le dijera misas en su lugar, ya que era un alma en pena; y que este sacerdote con lágrimas cumplía durante una semana lo que se le había pedido.

En el siglo VII empieza la costumbre de comprometerse los miembros de diversas iglesias y conventos a cumplir ciertos sufragios, y entre ellos a decir un número determinado de misas de difuntos cada vez que moriría uno de los que se habían comprometido. En el Sínodo de Attigny (762) se comprometían los obispos y abades que habían asistido a decir, entre otros sufragios, cien misas por cada uno que de ellos muriera. Un convenio entre los monasterios de San Galo y Reichenau del año 800 determinaba, entre otras cosas, que por cada monje difunto todos los sacerdotes debían decir tres misas en el día en que habían recibido la noticia, a los treinta días otra y además, al principio de cada mes una misa después de la de réquiem conventual, y que, finalmente debería celebrarse el 14 de noviembre una solemne conmemoración general de todos los difuntos, celebrando cada sacerdote tres misas. De entonces data la costumbre común en la Iglesia de las misas de réquiem.

A partir pues del siglo VII comienzan a aparecer diversas fechas en las que se hace conmemoración de los fieles difuntos. Los bizantinos celebran dos "sábados de difuntos". Y en Occidente finalmente prevaleció la costumbre cluniacense que prescribía el decreto de San Odilón en el año 998, que imponía a todos los monasterios dependientes de Cluny para el 2 de noviembre: "Así como el primero de noviembre celebramos la fiesta de todos los santos, es necesario celebrar la memoria de todos los que reposan en el Señor, con salmos, limosnas y sobretodo con la Eucaristía" No es pues un día de tristeza o de luto, sino un día de plegaria por la Iglesia purgante y sufriente.

www.ingramcontent.com/pod-product-compliance
Lightning Source LLC
Chambersburg PA
CBHW072209150726

48002CB00005B/1728